BLUE BOOK

智 库 成 果 出 版 与 传 播 平 台

北京教师发展蓝皮书

BLUE BOOK OF TEACHER DEVELOPMENT IN BEIJING

北京教师发展报告（2021~2022）

ANNUAL REPORT ON TEACHER DEVELOPMENT IN BEIJING(2021-2022)

主　　编／方中雄　钟祖荣

执行主编／鱼　霞

社会科学文献出版社

SOCIAL SCIENCES ACADEMIC PRESS（CHINA）

图书在版编目（CIP）数据

北京教师发展报告.2021~2022／方中雄，钟祖荣
主编.--北京：社会科学文献出版社，2022.11
（北京教师发展蓝皮书）
ISBN 978-7-5228-0844-4

Ⅰ.①北…　Ⅱ.①方…②钟…　Ⅲ.①师资队伍建设
-研究报告-北京-2021-2022　Ⅳ.①G451.2

中国版本图书馆 CIP 数据核字（2022）第 186016 号

北京教师发展蓝皮书
北京教师发展报告（2021~2022）

主　　编／方中雄　钟祖荣
执行主编／鱼　霞

出 版 人／王利民
责任编辑／吴　超
文稿编辑／范　迎
责任印制／王京美

出　　版／社会科学文献出版社·人文分社（010）59367215
　　　　　地址：北京市北三环中路甲 29 号院华龙大厦　邮编：100029
　　　　　网址：www.ssap.com.cn
发　　行／社会科学文献出版社（010）59367028
印　　装／三河市东方印刷有限公司

规　　格／开　本：787mm×1092mm　1/16
　　　　　印　张：15.5　字　数：228 千字
版　　次／2022 年 11 月第 1 版　2022 年 11 月第 1 次印刷
书　　号／ISBN 978-7-5228-0844-4
定　　价／129.00 元

读者服务电话：4008918866

编 委 会

主编简介

方中雄　北京教育科学研究院院长，研究员，主要研究领域为教育行政管理、教师专业发展。主持和参与各级教育课题几十项，多次参与影响国家及首都教育发展的重大教育决策、调研和文本编制，主编《京津冀教育发展研究报告》、《北京教育发展研究报告》和《北京教师发展报告》三种蓝皮书系列。

钟祖荣　北京教育科学研究院副院长、教授（二级），教育博士，主要研究领域为校长教师发展与培训、创造性人才成长与培养、教育哲学、学习科学等。出版《现代人才学》《基础教育哲学引论》《学习指导的理论与实践》《校长教师专业发展与培训研究》等著作40余种，在《教育研究》等刊物上发表论文200余篇，主持省部级课题10余项，获省部级以上教学科研成果奖7项。牵头制定《"国培计划"课程标准》、全国中小学教师培训课程指导标准。

鱼　霞　北京教育科学研究院教师研究中心原主任，院学术委员，研究员，教育学博士，主要研究领域为教育政策与教师教育。直接参与国家与市级相关政策研制工作；具体负责实施北京市中小学名师名校长（园长）发展工程的培养工作。主持并承担了100多项各级各类课题研究工作；在《教师教育研究》等刊物上发表论文40多篇；出版《反思型教师的成长机制探新》等专著5部；主编、参编50多部著作。研究成果曾获第二届北京市基础教育教学成果一等奖。

摘　要

　　百年大计，教育为本；教育大计，教师为本。教师承担着传播知识、传播思想、传播真理的历史使命，肩负着塑造灵魂、塑造生命、塑造人才的时代重任。在新时代特别是"双减"政策背景下，教师队伍建设尤为重要。加强教师队伍研究，推动首都教师队伍建设，对于深入推进落实"十四五"规划，实现首都教育现代化具有十分重要的意义。

　　本报告从整体数量和质量两个方面研究北京市中小学教师队伍情况。从规模总量、性别、年龄、学历、职称、区域分布等方面，对北京市中小学教师队伍的整体数量状况进行了深入分析，认为总体上处于较好状态；从师德、教师专业发展、教师绩效考核三个指标对北京市中小学教师队伍发展质量进行研究，认为总体上处于较好水平。但北京市中小学教师队伍还存在教师队伍编制不足、教师结构仍需进一步优化，师德建设仍需加强，专业发展水平仍需提升，绩效考核仍需加强设计等问题。建议北京市要增加中小学教师编制，优化教师结构，全面提升中小学教师师德水平，大力促进中小学教师专业发展，系统实施中小学教师绩效考核。

　　本报告从师德、专业发展和绩效考核三个方面对北京市中小学教师队伍发展状况进行了研究。第一，从师德水平现状、师德建设两个方面对北京市中小学师德进行了评价与考察。研究发现，当前北京市中小学教师重视师德培训，注重师德评价，中小学教师师德水平较高，但还要进一步推进，将师德培训常态化，确保全体教师保质保量参与师德培训，优化师德培训内容和方式，发挥师德培训的实效性，以师德规范为基本依据，采用量化和质性方

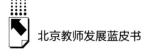

法开展师德评价。第二，从专业发展水平与专业培训两个方面研究北京市中小学教师专业发展情况。研究发现，当前北京市中小学教师专业发展水平较高，但也存在教师被动发展、专业知识不足、培训不够系统等问题，建议唤醒北京市中小学教师的自主发展意识，引领教师专业发展；优化专业知识结构，促进教师专业发展；加强培训顶层设计，保障教师专业发展。第三，从考核指标、考核主体、考核方法、考核频次、考核结果使用、教师对绩效考核的评价等方面，对北京市中小学教师绩效考核的现状进行深入分析。研究发现，当前教师绩效考核存在上级指导性文件欠缺、发展性功能不够、过程性考核缺乏、指标设计科学性不足等问题，建议将上级指导文件和学校文件结合起来，更重视发挥上级文件的指导作用；将管理性考核与发展性考核结合起来，更重视发展性考核；将终结性考核与过程性考核结合起来，更重视过程性考核；将全面考核与关键绩效考核结合，更强调关键绩效考核。

本报告对北京市中小学教师工作负担进行了深入研究。研究发现，当前北京市中小学教师工作负担偏重。这些负担主要有：输入性负担，即承接大量与教育教学无关的社会性事务；传导性负担，即承担日常教育教学中过重的任务性工作；评价性负担，即承担应对专业发展的形式化压力；派生性负担，即在日常教育教学活动中承担竞争环境所产生的压力。这些负担的产生与行政部门、教育部门、学校、教师、学生、社会等方面有密切的关系。建议各级政府制定综合治理机制，减少对学校教育的不必要干扰，各级教育行政部门依法依规施政，统筹推进教育改革，提高学校治理能力，营造和谐环境，提高教师工作效率，营造尊师重教和谐安静的社会大环境。

本报告对北京市乡村教师支持计划政策进行了评估研究。研究发现，北京市乡村教师支持计划政策，对乡村教师队伍建设起到了积极的促进作用，在一定程度上实现了"下得去、留得住、教得好"的政策目标，但也存在政策的知晓度与宣传力度有待增强、乡村教师专业水平仍有待进一步提升、乡村学校教师管理体制机制有待进一步完善、乡村学校仍难以吸引优秀青年教师长期从教、乡村教师交流轮岗的意愿较低、乡村教师岗位生活补助标准有待完善等问题。建议对乡村教师队伍建设的目标与定位进行顶层设计，科学界定政策实施范围与对象，加大政策解读力度和宣传力度，集中发力，重点提升乡村教师素质，创新编制管理方式，补足配齐乡村教师队伍人员数量，进一步完善集团化办学、"区管校聘"、交流轮岗等政策体系，完善差异化的岗位生活补助标准。

本报告对北京市资源教师队伍建设进行了研究。研究发现，当前北京市的资源教师以兼职的普通学科教师为主，专业性和稳定性不高，工作满意度处于中等偏上水平，资源教师的专兼职情况、任职时间、专业背景，以及对学校支持的感受情况，均对其工作满意度产生显著影响。建议进一步完善与资源教师相关的管理机制，加强资源教师职前培养和职后培训，压实普通学校融合教育主体的责任，切实为资源教师提供有效的专业支持。

关键词： 教师队伍建设　教师专业发展　师德　教师绩效考核　教师工作负担　乡村教师支持计划　资源教师　北京中小学教师

Abstract

Education is the foundation for a country's long-term development; teachers are the foundation for education's long-term development. Chinese teachers undertake the historic mission of disseminating knowledge, ideas and truth, and shoulder the critical responsibility of nourishing souls, lives and talents. In the new era, against the background of the "Double Reduction" policy, the development of the teaching force has become increasingly important. Promoting teacher research and teacher development are of vital significance for the implementation of the 14th Five-Year Plan and the modernization of education in the Chinese capital.

The general report studies the overall quantity and quality of primary and secondary school teachers in Beijing. An in-depth analysis of teachers' total number, gender, age, education background, professional title, and regional distribution shows that the school staffing situation is good quantitatively. Based on a careful examination of teachers' work ethics, professional development, and performance, the report contends that Beijing boasts a competent teaching force. There are, however, some issues to be resolved, including: the school staff quota is insufficient, the composition of the staff needs to be optimized, teachers' ethical education should be strengthened, teachers' professional development requires further improvement, and the design of the teacher performance appraisal system should be upgraded. It is suggested that education authorities in Beijing should lift the upper limit for the number of teachers of primary and secondary schools, optimize the structure of the teaching force, comprehensively improve the ethical level of primary and secondary school teachers, vigorously promote their professional development, and systematically assess teachers' performance.

The sub-reports depict the development of primary and secondary school teachers in Beijing from three aspects: teachers ethics, teachers' professional development and teacher performance appraisal. The first sub-report investigates the ethic level and ethic cultivation of primary and secondary school teachers in Beijing and finds that the teachers attach great importance to ethics training and ethics evaluation, and their overall ethics level is reasonably high. However, there is still room for progress: education authorities should regularize ethics training of teachers, ensure the full and effective participation of teachers in ethics training, optimize the content and method of ethics training, align evaluation measures with ethic guidelines, use quantitative and qualitative methods to assess teachers' ethics.

The second sub-report examines the professional development of primary and secondary school teachers in Beijing from two aspects: the level of professional development and professional training. It is found that the professional development level of primary and secondary school teachers in Beijing is relatively high, despite such problems as teachers' passivity in professional development, inadequate professional knowledge and unsystematic training. It is suggested that education authorities in Beijing should encourage teachers to take their own initiative in professional development by arousing their awareness of self development, promote teachers' professional development by improving their professional knowledge structure, and safeguard teachers' professional development by strengthening the coordination and planning of various development programs.

The third sub-report provides an in-depth analysis of the performance appraisal of primary and secondary school teachers in Beijing in terms of its indicators, subjects, methods, frequency, implication, and teachers' feedback. The report shows that the current teacher performance appraisal system has some problems, namely, government guidance documents are deficient, the result of the appraisal does not play an adequate role in teachers' development, process assessment is lacking, and the appraisal indicators are not scientific. It is proposed that the following four pairs of elements should be combined in teacher appraisal: school regulations and government guidelines, schools' routine assessment and teachers' development assessment, summative assessment and process assessment, comprehensive assessment and key performance assessment, with the latter of each pair playing a more important role.

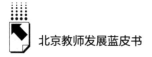

The hot spot analysis provides an in-depth study on the workload of primary and secondary school teachers in Beijing, which found that the current workload of teachers is on the heavy side. The burdens are mainly manifested as: the external burden (a large number of social responsibilities unrelated to education and teaching), the internal burden (excessive workload at school), the evaluative burden (the formal pressure of meeting professional development requirements), and the derivative burden (the pressure induced by the competition in daily education and teaching activities). The generation of these burdens is closely related to the government, education authorities at different levels, schools, teachers, students, and society. The following suggestions are offered: governments at all levels should establish a comprehensive governance mechanism to reduce unnecessary interference with teachers' work; education authorities at all levels should govern in accordance with the law and regulations, coordinate education reforms, enhance schools' self-governance, create a harmonious work environment, improve teachers' work efficiency, and build a harmonious and peaceful social environment of respecting teachers and valuing education.

The first special report evaluates the Rural Teachers Support Program in Beijing. The research shows that the policy has played a positive role in developing the teaching force in rural areas. To some extent, the policy's goal of "making teachers willing to work in the rural area, willing to stay for a long time, and capable of teaching well" has been achieved. However, some problems still persist. Teachers' awareness of the policy and its publicity are not sufficiently high; the professional standard of rural teachers is not satisfactory; the management system of rural teachers remains to be enhanced; it is still difficult for rural schools to attract outstanding young teachers who are willing to teach for a long time; rural teachers are reluctant to join the rotation program; the standard of living allowance for rural teachers needs to be improved. It is suggested that the government should conceive a top-level strategy for building the rural teaching force, scientifically define the scope and object of the policy, strengthen the interpretation and publicity of the program, focus on improving the quality of rural teachers, innovate school HR management, ensure the full supply of rural teachers, further improve the policies for running school groups, for "school employment plus district management", and for teacher rotation, and finetune the standard of differentiated living allowances for rural teaching posts.

The last special report studies resource teachers in Beijing. It is found that the majority of resource teachers in Beijing are part-time teachers of general subjects, with limited professionality and stability, whose job satisfaction is at the upper middle level. Resources teachers' job satisfaction is significantly influenced by the following factors: full-time or part-time employment, length of service, professional background, and the perception of school support. It is suggested that education authorities should improve the management mechanism related to resource teachers, enhance their pre-service and in-service training, ensure that ordinary schools take the main responsibility for integrated education, and provide effective professional support for resource teachers.

Keywords: Teaching Force Building; Teachers' Professional Development; Teachers' Ethics; Teacher Performance Appraisal; Teachers' Workload; Rural Teachers Support Program; Resource Teachers; Primary and Secondary School Teachers in Beijing

目 录 ↖

I 总报告

II 分报告

III 热点分析

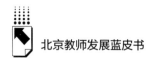
Ⅳ 专题报告

皮书数据库阅读**使用指南**

CONTENTS

I   General Report

II   Sub–Reports

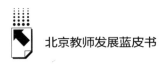
Ⅲ　Hot Spot Analysis Report

Ⅳ　Special Reports

总报告

General Report

B.1
进一步向高素质专业化
创新型的方向发展

——2021年度北京市中小学教师队伍发展报告

郝保伟　宋洪鹏*

摘　要： 教师是教育发展的第一资源。北京市高度重视中小学教师队伍建
设，在数量和质量上都取得了显著成效。本报告从规模、性别、
年龄、学历、职称、区域分布等方面，对北京市中小学教师队伍
数量、状况进行了深入分析，认为总体上处于较好的状态；从师
德、专业发展、绩效考核三个指标，对北京市中小学教师队伍发
展质量进行研究，认为总体上处于较好水平。北京市中小学教师
队伍还存在如下问题：教师队伍编制不足，结构需要进一步优
化；师德建设仍需加强；专业发展水平仍需提升；绩效考核有待
强化设计、落实到位。为此，应增加教师编制，优化教师结构；

---

* 郝保伟，博士，北京教育科学研究院教师研究中心副研究员；宋洪鹏，博士，北京教育科学
研究院教师研究中心助理研究员。

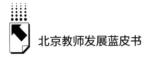

全面提升教师师德水平；大力促进教师专业发展；系统实施教师绩效考核。

关键词： 教师队伍建设　教师专业发展　中小学教师　北京市

百年大计，教育为本；教育大计，教师为本。《中共中央　国务院关于全面深化新时代教师队伍建设改革的意见》明确强调："教师承担着传播知识、传播思想、传播真理的历史使命，肩负着塑造灵魂、塑造生命、塑造人的时代重任，是教育发展的第一资源，是国家富强、民族振兴、人民幸福的重要基石。"近年来，北京市高度重视中小学教师队伍建设，取得了显著成效，但离"高素质专业化创新型教师队伍"的目标还有一定的差距，需要进一步优化和提升。从数量和质量层面对北京市中小学教师队伍进行深入研究，分析教师队伍建设存在的问题，在此基础上提出对策建议，对于进一步加强首都教师队伍建设，进而深入推进"十四五"规划，实现首都教育现代化都具有十分重要的意义。

一　北京市中小学教师队伍发展现状

（一）中小学教师①队伍的数量状况

1. 规模总量

2020~2021学年度，北京市教育系统各级各类教职工共计29.52万人，其中专任教师20.58万人。其中，小学专任教师5.64万人，生师比14∶1；普通中学专任教师5.91万人，其中初中专任教师3.81万人，普通高中专

---

① 如无特别说明，本书中的"中小学"即指"北京市中小学"，教师即指北京市中小学教师。

任教师 2.10 万人。① （见图 1）与上一年度相比，各级各类教职工增加了 0.985 万人，增幅为 3.45%，专任教师增加了 0.65 万人，增幅为 3.26%。其中小学专任教师增加了 654 人，初中专任教师增加了 328 人，高中专任教师增加了 2116 人。

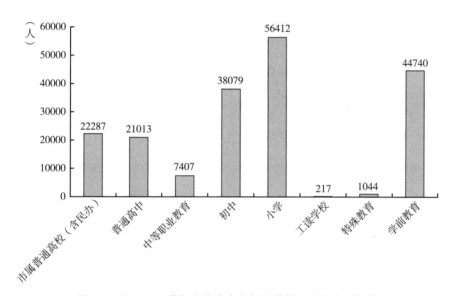

图 1　2020~2021 学年度北京市各级各类教育专任教师规模

2. 性别情况

总体而言，基础教育（包括学前、小学、初中、普通高中、特殊教育、中等职业教育②）专任教师以女性教师为主，男女教师的比例分别为 16.72%、83.28%，上一年度男女专任教师的比例分别为 21.14%、78.86%。

在普通中小学（含小学、初中、普通高中）专任教师中，男教师占 21.70%，女教师占 78.30%，男女教师比约为 1∶3.6。其中，在小学专任教师中，男教师占 18.50%，女教师占 81.50%，男女教师比约为 1∶4.4。

---

① 数据来源于北京市教育委员会发展规划处《2020~2021 学年度北京市教育事业发展统计概况》，2021 年 3 月 25 日。

② 中等职业教育，以下简称"中职"。

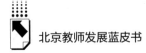

在初中专任教师中，男教师占 22.84%，女教师占 77.16%；在普通高中专任教师中，男教师占 28.21%，女教师占 71.79%；在普通中学专任教师中，男教师占 25%，女教师占 75%，男女比为 1：3。

3. 年龄情况

2020~2021 学年度，在北京市基础教育专任教师中，年龄在 44 岁及以下的教师，普通中学为 67.15%，小学为 71.35%，中职为 53.21%（上一个学年度普通中学为 66.65%，小学为 72.86%，中职为 56.54%）。

2020~2021 学年度，在小学专任教师中，44 岁及以下年龄者占 71.35%（见图 2）。在普通中学专任教师中，年龄 29 岁及以下者占 14.15%，30~34 岁者占 14.86%，35~39 岁者占 16.26%，40~44 岁者占 19.74%，45~49 岁者占 18.00%，50~54 岁者占 14.46%。54 岁及以下各年龄段较为均衡。其中，44 岁及以下年龄者占 65.01%，与上一个学年度基本持平（见图 3；上一个学年度为 66.65%）。

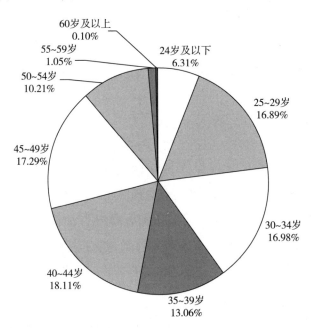

图 2　2020~2021 学年度北京市小学专任教师年龄情况

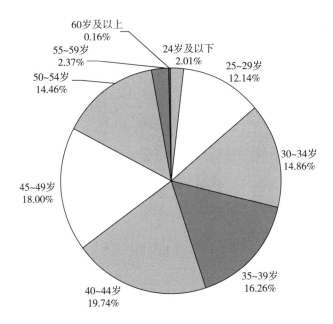

图 3　2020～2021 学年度北京市普通中学专任教师年龄情况

4. 学历情况

2020～2021 学年度，北京市基础教育专任教师的学历仍以本科为主，占
71.78%（上一年度为 71.92%），研究生①学历者占 13.98%，专科学历者占
13.63%（见图 4）。专任教师中拥有研究生学历者占比，学前为 1.29%，小
学为 10.30%，初中为 23.95%，普通高中为 34.65%，中职为 17.90%，特
殊教育为 7.28%。

在小学专任教师中，拥有研究生学历者占 10.30%，增加了 0.65 个百分
点（上一学年度为 9.65%）；在初中专任教师中，拥有研究生学历者占
23.95%，比上一学年度增加了 2.00 个百分点（上一学年度为 21.97%）；在
普通高中专任教师中，拥有研究生学历者占 34.65%，已超过 1/3，比上一
学年度增加 2.23 个百分点（上一学年度占 32.42%）。

就义务教育而言，专任教师的学历仍以本科为主，占 81.25%。拥有研

---

① 本报告中的研究生，如无特别说明外，即含硕士、博士研究生。

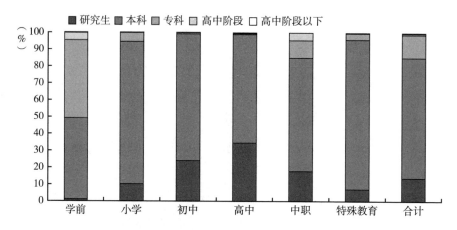

图4 2020~2021学年度北京市基础教育专任教师学历情况

究生学历者占15.07%，比上一学年度（13.82%）增加了1.25个百分点。本科、研究生学历合计占96.32%，比上一学年度（95.80%）增加了0.52个百分点，已经超过了《北京市"十四五"时期教育改革和发展规划（2021—2025年）》中"教师队伍建设全面加强，义务教育专任教师中本科及以上学历人员比例超过96%"①的目标，提前实现了2025年的教师队伍发展目标。

5. 职称情况

2020~2021学年度，北京市基础教育专任教师的职称仍以中级和助理级为主，二者共占61.71%，超过6成，比上一学年度（63.82%）降低了2.11个百分点。拥有高级职称者占15.68%，与上一学年度（15.67%）持平，其中正高级职称者207人，占0.11%，与上一学年度（0.1%）持平；副高级职称者占15.57%，与上一学年度（15.57%）一样。基础教育专任教师中未评职级的占19.94%，比上一学年度（20.51%）略有降低（见图5）。

2020~2021学年度，在基础教育专任教师中，高级职称者仅占15.68%，

---

① 数据来源于《北京市"十四五"时期教育改革和发展规划（2021—2025年）》。

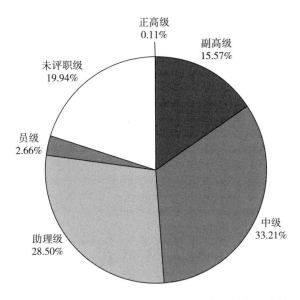

图5　2020~2021学年度北京市基础教育专任教师职称情况

远低于市属高校（52.04%）。就各级各类教育而言，高级职称专任教师所占比例差距较大，学前为3.43%，小学为9.08%，初中为28.10%，高中为40.03%，中职为33.18%，特教为15.38%（见图6）。

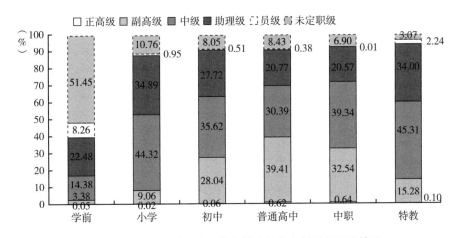

图6　2020~2021学年度北京市基础教育专任教师职称情况

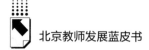

6. 区域分布情况

2020~2021 学年度，普通中学专任教师规模以朝阳区、海淀区最多，均超过 1.2 万人。其次是西城区、东城区。分布在城区的普通中学专任教师比例为 87.15%（见图 7）。

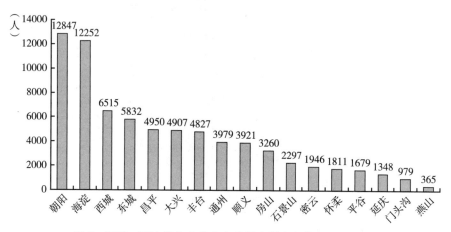

图 7　2020~2021 学年度北京市普通中学专任教师区域分布

2020~2021 学年度，小学专任教师规模以海淀区、朝阳区最多，分别为 7895 人、6667 人。其次是西城区、东城区，分别为 6218 人、5184 人。分布在城区的小学专任教师比例为 82.99%（见图 8）。

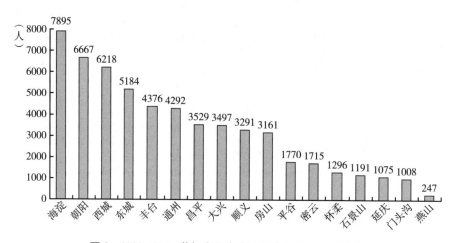

图 8　2020~2021 学年度北京市小学专任教师区域分布

也就是说，无论是小学还是中学，绝大多数（超过 80%）都分布在城区，镇区、乡村分布数量较少。[①]

（二）教师队伍的质量状况

教师队伍的质量状况反映的是教师队伍的专业发展情况与教师队伍的管理情况，主要体现在教师师德、教师专业发展、教师管理三个方面。本报告聚焦北京市中小学教师队伍的质量状况，以教师师德、教师专业发展和教师管理中的教师绩效考核为主要指标，采取目的抽样和整群抽样相结合的方法，选择北京市有代表性的 9 个区（包括核心城区和郊区）中小学教师队伍总数的 20%进行问卷调查，共收集到有效数据 15925 份，具体情况如下。

1. 师德状况

从个人品质、同事、专业、国家、学生、家长 6 个维度来评价中小学师德状况。由数据可知，北京市中小学师德平均分为 4.70（李克特 5 点计分法），说明师德水平较高。其中，个人品质与同事维度得分最高（均为 4.80），家长维度得分较低（4.58）。对不同教师群体的师德水平情况进行差异检验发现，师德水平在学段、城乡、教龄段、学历、是否班主任上存在显著差异，其中小学教师、城区教师、30 年以上教龄教师、本科学历教师、班主任在师德上评分更高。

2. 教师专业发展状况

从"专业精神""专业理念""专业知识""专业能力""专业自主发展" 5 个维度评价中小学教师的专业发展状况。由数据可知，北京市中小学教师专业发展平均分为 4.62（李克特 5 点计分法），说明教师专业发展水平较高。其中，教师专业发展的"专业精神""专业理念"维度得分最高（分别为 4.80、4.71），"专业知识""专业自主发展"维度

---

① 按照 2016 年《北京市乡村教师岗位生活补助发放办法》（京教人〔2016〕10 号），将学校位置划分为城区、镇区和乡村三类。"乡村"与"农村"不做严格区分。下同。

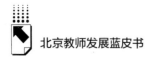

得分较低（分别为 4.48、4.53）。对不同类别教师专业发展水平情况进行差异检验，发现教师专业发展水平在性别、教龄段、学历、职称、学段、城乡、学科上存在显著差异，其中女教师、30 年以上教龄教师、本科学历教师、中级职称教师、小学教师、城区教师、语数英教师的评分更高。

3.教师绩效考核状况

从促进发展、民主沟通、准确可靠、尊重差异、公平合理 5 个维度来评价中小学教师的绩效考核状况。由数据可知，北京市中小学教师对绩效考核整体评价的平均分为 3.97（李克特 5 点计分法），说明中小学教师对绩效考核的评价处于良好水平。对不同类别教师对绩效考核评价情况进行差异检验，发现教师对绩效考核的评价在学段、教龄段、职称、是否干部、是否班主任、最高学历、所获最高荣誉上存在显著差异，其中小学教师、5 年及以内教师、初级职称教师、干部、班主任、研究生学历教师、校级荣誉和尚无荣誉的教师的评分更高。

二　北京市中小学教师队伍建设存在的问题

本报告聚焦北京市中小学教师队伍建设，主要从数量和质量两个方面提出中小学教师队伍建设中存在的问题。

（一）中小学教师队伍编制不足，结构需要进一步优化

2021 年 7 月，中共中央办公厅、国务院办公厅印发《关于进一步减轻义务教育阶段学生作业负担和校外培训负担的意见》（以下简称"双减"政策）；8 月，中共北京市委办公厅、北京市人民政府办公厅印发《北京市关于进一步减轻义务教育阶段学生作业负担和校外培训负担的措施》，旨在有效减轻北京市义务教育阶段学生作业负担和校外培训负担。"双减"政策是教育战线贯彻新发展理念、构建新发展格局、推进高质量发展、促进学生健康成长的重大举措，推动了学校教育育人大格

局的大调整。①"双减"政策要求学校做好课后服务、作业设计,提升课堂教学质量。但是需要指出的是,当前中小学教师编制与"双减"政策不相适应。现行编制标准仍为 2000 年制定的标准,而在"双减"政策背景下,中小学教师的工作量和工作负担大幅增加,现行编制标准无法满足现有教育教学需求,这一需求在乡村小规模学校更为突出。同时,需要看到中小学教师队伍在职称结构、学历结构上还需要进一步优化。与中学比,小学专任教师中的高级职称比例明显偏低,这一比例在乡村小学教师中更低。乡村学校生师比较低(学生少,老师多,乡村学生/教师的比例明显低于城区学生/教师的比例),高级职称比例相应偏低。不少农村小学高级职称教师比例不足 10%,远低于城区小学高级职称教师 20% 的比例。中小学专任教师的学历以本科为主,虽然符合《北京市"十四五"时期教育改革和发展规划(2021—2025 年)》的要求,但是研究生学历仍较低,特别是小学中的研究生比例更低,与首都教育高质量发展还存在一定的差距。

(二)中小学教师师德建设仍需加强

北京市高度重视教师师德师风建设,取得了显著的成绩。中小学教师对师德的评价普遍较高,在 6 个伦理维度(国家与社会伦理维度、学生伦理维度、专业伦理维度、个人品质伦理维度、同事伦理维度、家长伦理维度)上的平均得分较高。然而,教师师德建设仍存在一些问题,仍需要进一步改善。首先,师德培训内容需要进一步优化。比如,教师在选择希望学习的师德知识中,选择"心理健康知识""师德规范知识"的教师人数排在前两位,而在教师实际参与过的师德培训中,选择"心理健康知识"与"师德规范知识"的教师人数排在后两位。其次,需要进一步面向全体教师对师德规范、准则等政策类文件作解读。研究发现,中小学教师对《新时代中小学教师职业行为十项准则》的认知度较低。教师师德评价也存在一定的问题,师德评价的科学性和实效性有待提高。当前师德评价更多的是以量化

---

① 张志勇:《"双减"格局下公共教育体系的重构与治理》,《中国教育学刊》2021 年第 9 期。

评价为主，但缺乏科学的量化评价指标体系，不能全面反映教师的师德表现。作为具体规范内容的评价指标（评价题目）也不能穷尽所有的义务条目，教师只能发挥主观能动性将规范性知识与鲜活的教育教学实践相联系，并在实践中进一步充实对规范性知识的认识。

（三）中小学教师专业发展水平仍需提升

近年来，北京市高度重视中小学教师队伍建设，出台了诸多政策，有效促进了教师专业发展。但是，北京市中小学教师专业发展水平仍存在不少问题。首先，中小学教师专业知识水平仍待提升，特别是中小学教师在"教育知识"、"学科知识"、"通识性知识"和"学科教学知识"等方面存在明显不足。其次，中小学教师的自主发展意识有待提升。当前中小学教师专业发展模式主要是由地方政府发起的、指令性的教师发展模式和由大学提供课程、工作坊、研讨会和讲座等的发展模式，主要依托刚性推进的政策体系和外部形塑的培训体系，本质上仍都是一种外在于教师的、自上而下的发展模式。这种缺乏教师自主性的"被动发展"模式，严重影响教师的专业发展质量。最后，中小学教师培训需要加强顶层设计。当前的很多培训内容与教育现代化的要求还有一定的差距，以专家讲座为主的培训等，形式比较单一，不能有效回应城乡教师的不同发展需求。

（四）中小学教师绩效考核需要加强设计

中小学教师绩效考核，不仅是发放教师绩效工资的重要依据，也是促进教师个人发展和学校教师队伍建设的重要手段。自 2019 年开始在义务教育学校推行教师绩效工资和绩效考核制度以来，教师绩效考核在教师激励方面发挥了一定的作用。但同时需要看到的是，当前中小学教师绩效考核仍存在一些需要改进的问题。第一，引领教师绩效考核的文件较少。市区虽然重视绩效考核工作，但多是在颁发教师绩效工资政策文件中提及绩效考核，除了开始实施教师绩效考核文件之外，就没有再颁布专门的引领性文件，这对于中小学校开展教师绩效考核工作缺乏指导力度。第二，当前中小学过于强调绩效考核的管理性功能，而忽视其更加重要的发展性功能。第三，中小学教师绩效考核缺乏对教师工作的过程性考核。绝大多数中小学校的教师绩效考核，为一学期或一学年考核一次的终结性考核，缺乏对教师工作的过程性考核，特别是缺乏反映教师课堂教学过程的考核。第四，当前的绩效考核模式都是"有什么考什么"，绩效考核指标往往很全面，但容易脱离中小学校的发展目标，这样的考核实际上是低效的。

三　北京市中小学教师队伍建设的对策与建议

基于当前北京市中小学教师队伍建设存在的问题，结合《北京市"十四五"时期教育改革和发展规划（2021—2025 年）》，提出有针对性的对策与建议。

（一）增加中小学教师编制，优化中小学教师结构

市政府要组织市机构编制委员会办公室、市人力资源和社会保障局、市教育委员会、市财政局等，依据教育发展实际研究情况，出台新的编制核算办法，适当提高中小学教师编制配备标准。市教育行政部门也要对当前的编制进行优化配置。2019 年，北京市印发《北京市教育委员会　中共北京市委机构编制委员会办公室　北京市人力资源和社会保障局　北京市财政局关于推进中小学教师"区管校聘"管理改革的指导意见》（京教人〔2019〕17 号），开展"区管校聘"管理改革，将中小学教师编制放在区域大盘子内进行统筹，缓解区域内学校教师结构性短缺问题。"双减"政策背景下，北京市推进中小学干部教师交流轮岗制度，充分发挥教师的优质服务属性，缓解区域内学校之间的教师供给紧张及优质资源短缺问题。在编制管理的同时，有条件的区域还可以创新人事管理体制机制，打破编制对教师队伍发展的限制，通过经济杠杆和户籍杠杆吸引优秀的社会化人才进入教师队伍，为区域教育发展提供人才保障。此外，市政府还要进一步优化中小学教师的职称结构和学历结构。提高小学阶段的高级职称比

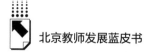
例，重新核算乡村学校教师职称标准，确保小学教师、乡村教师的职称晋升通道更加畅通，进而提高教师的工作积极性。改进中小学教师的学历结构，一方面招聘更多的研究生进入中小学，另一方面在中小学阶段为本科学历教师攻读研究生学历增加机会，提高中小学教师的学历水准，从而提升中小学教师的综合素质。

（二）全面提升中小学教师师德水平

始终坚持把思想政治和师德师风建设摆在教师队伍建设的首位，把师德表现作为教师资格定期注册、业绩考核、职称评聘、评优奖励的首要条件。加强师德培训，进一步保障师德培训频次，建立健全市、区、校三级师德培训常态化机制。在师德培训中，优化培训内容，加强教师职业理想、职业道德、法治和心理健康教育，特别要加强当前师德培训中所缺乏的"心理健康知识""师德规范知识"的培训。加强中小学教师师德评价，以师德规范为基本依据设置评价指标体系，采用量化和质性方法开展师德评价，提高师德评价的实效性，从而引领中小学教师师德水平的提升。

（三）大力促进中小学教师专业发展

加强教师队伍建设，大力促进中小学教师专业发展。要加强中小学教师培训，帮助广大中小学教师解决专业知识欠缺问题，优化中小学教师的知识结构，提升教育教学能力。建立学习型组织，营造中小学教师读书学习氛围，夯实教育理论知识；通过师徒结对，促进中小学新手教师实践性知识的增长。针对中小学教师"被动发展"的现象，要唤醒其自主发展意识。中小学教师要真正转变观念，增强自觉反思意识，养成反思习惯；中小学要创建有利于教师的反思文化，营造教师反思氛围；制定个性化的教师专业发展规划，增强专业发展自觉性。此外，还要加强对中小学教师培训的顶层设计。专业培训要在兼顾专业培训的基础上，加强跨文化、跨学科培训，进一步关注特殊学生的需求；专业培训聚焦所教学科，提高培训的时效性；针对城乡的不同需求，提供有针对性的培训，减少培训阻碍。

（四）系统实施中小学教师的绩效考核

系统设计、实施中小学教师绩效考核工作，让绩效考核成为激励中小学教师发展的重要手段。建议市政府在新时代特别是"双减"政策背景下，出台中小学教师绩效考核指导意见。在政策文件中，明确中小学教师绩效考核的评价属性，注重发挥绩效考核的发展性功能，有效促进中小学教师的专业发展。将管理性考核与发展性考核结合起来，且重点关注发展性考核。将结果评价与过程评价结合起来，且更加重视过程评价，从而更好地提升中小学教师队伍建设质量，提高整体教育质量。将终结性考核与过程性考核结合起来，且更加重视过程考核，特别是重视课堂教学考核，切实落实"双减"政策对课堂教学质量提升的要求。将全面考核与关键绩效考核相结合，且更加重视与中小学校发展目标紧密结合的关键绩效考核，将考核作为推动中小学校教师发展的重要手段。

分 报 告
Sub-Reports

B.2
师德水平及师德建设报告

陈黎明*

摘　要： 师德师风是评价教师队伍素质的第一标准，是衡量区域和学校
教师队伍素质的关键指标。了解北京市中小学师德水平以及师
德建设情况，是考察北京市中小学教师队伍素质的重要环节。
本报告采用目的抽样和整群抽样相结合的方法，从师德发展水
平、师德建设两个方面对中小学师德进行了评价与考察。在师
德发展水平方面，北京市中小学师德水平较高，小学教师、城
区教师、30年以上教龄段的教师、本科学历教师、班主任在平
均得分上，都高于其他同类别教师。师德建设体现为中小学教
师的师德水平、师德培训与评价、对师德政策认知度三个方
面。其中，在师德培训方面，师德培训频次较高，师德培训内
容较为丰富，师德培训形式以专题讲座为主；在师德评价方

* 陈黎明，博士，北京教育科学研究院教师研究中心副研究员。本报告系全国教育科学"十三
五"规划2019年度教育部青年课题"新时代中小学教师职业道德规范的研制与实践推进研
究"（项目编号：EAA190464）的阶段性成果之一。

面，评价主体多为学校行政管理人员，评价方式以量化为主；在师德政策认知度方面，教师对师德政策认知度较高，但对准则类政策认知度有待加强。基于当前的师德状况，提出如下改进建议：实现师德培训常态化目标，确保全体中小学教师保质保量参与师德培训；进一步优化师德培训内容和方式，发挥师德培训的实效性；以师德规范为基本依据，采用量化和质性方法开展师德评价。

关键词： 师德发展水平　师德建设　中小学教师　北京市

一　研究背景

自党的十八大以来，习近平总书记多次就加强师德师风建设发表重要讲话，并对广大教师提出"四有"①"四个引路人"②"四个相统一"③"六要"④ 的标准和期望。中共中央国务院、教育部、北京市委教育工委、北京市教委等各级部门，也陆续印发了关于教师队伍建设及师德师风建设的重要文件。各级文件均要求把始终坚持思想政治和师德师风建设摆在教师队伍建设的首位，将师德师风作为评价教师队伍素质的第一标准。因此，

---

① 《习近平同北京师范大学师生代表座谈时的讲话》（2014年9月9日），《人民日报》2014年9月10日。"四有"即：教师要有理想信念、道德情操、扎实学识、仁爱之心。
② 《习近平总书记在北京市八一学校考察时的讲话》（2016年9月9日），《人民日报》2016年9月10日。"四个引路人"即：教师做学生锤炼品格的引路人，学生学习知识的引路人，学生创新思维的引路人，学生奉献祖国的引路人。
③ 《习近平总书记在全国高校思想政治工作会议上的讲话》（2016年12月7日），《人民日报》2016年12月9日。"四个相统一"，即：教师要坚持教书和育人相统一，言传和身教相统一，潜心问道和关注社会相统一，学术自由和学术规范相统一。
④ 《习近平总书记在学校思想政治理论课教师座谈会上的讲话》（2019年3月18日），《人民日报》2019年3月19日。"六要"即：政治要强、情怀要深、思维要新、视野要广、自律要严、人格要正。

关注北京市中小学教师师德师风的基本情况，是考察北京市中小学教师队伍建设基本情况的关键环节。在一系列政策文件中，2019年教育部等七部门印发的《关于加强和改进新时代师德师风建设的意见》（教师〔2019〕10号）是对新时代师德师风建设的全面谋划，是未来一个时期我国加强师德师风建设的指导性文件。本报告以《关于加强和改进新时代师德师风建设的意见》中的具体要求为基础，结合其他政策文件要求，着重围绕中小学教师的师德水平、师德培训与师德评价、对师德政策认知度三个方面开展调研，以期展现北京市中小学教师师德师风建设的基本情况以及未来发展方向。①

二 研究设计

（一）研究问题

①北京市中小学师德水平如何？

②北京市中小学师德建设情况如何？具体化为如下三个问题：

其一，北京市中小学师德培训的基本情况怎样，是否符合政策要求？

其二，北京市中小学师德评价的基本情况怎样，是否符合政策要求，教师对师德评价的态度怎样？

其三，北京市中小学教师对师德政策的认知度如何？

（二）研究内容

本报告围绕北京市中小学师德水平、师德建设情况进行调研，主要研究内容包括以下几个方面。

①研究改革开放以来国家层面颁布的中小学师德规范、准则的内容，进而按照不重不漏的原则，将规范与准则的内容划分为6个伦理维度（国家

---

① 本研究开展时间为2021年5~10月。

与社会伦理维度、学生伦理维度、专业伦理维度、个人品质伦理维度、同事伦理维度、家长伦理维度）。以 6 个伦理维度为基本因子，在每一个伦理维度下设计具体的考核题目，通过中小学教师在 6 个伦理维度上的得分情况，考察北京市中小学教师师德发展水平。同时，也考察中小学不同教师群体在师德发展水平方面的差异。

②研究北京市中小学师德建设情况。主要以党的十八大以来国家层面以及北京市层面颁布的师德政策文件中的要求为依据，从北京市中小学教师的师德水平、师德培训与师德评价以及对师德政策认知度三个方面考察师德建设情况。

（三）研究方法

①文本分析法，旨在考察改革开放以来我国师德规范文本的内容变迁，从而以此为依据设计师德发展水平问卷。同时，考察党的十八大以来，我国师德政策文本中对师德建设的具体要求，并以此为依据设计师德培训、师德评价与师德政策认知度的问卷。

②问卷调查法，旨在以量化的方法收集数据，以更加直观的方式了解北京市中小学教师师德发展水平以及师德培训与师德评价等基本情况。

（四）研究对象

本报告以北京市中小学专任教师为研究对象，采取目的抽样和整群抽样相结合的方法，选择包括城区和镇区、乡村在内的 9 个区中小学教师队伍总数的 20% 参与问卷调查。研究结合中小学教师的性别、职称、教龄段、学段、学科、最高学历、学校所在区、学校所在地、是否班主任、是否干部、所获最高荣誉等因素，共收集有效数据 15925 份，问卷有效率为 90.65%。中小学教师被试样本的人口学特征见表 1。

（五）研究工具

本报告采用自编问卷方式开展研究，问卷共分为三个部分。

表1 北京市中小学专任教师被试样本的人口学特征

单位：%

类别		所占比例	类别		所占比例
性别	男	17.5	教龄段	3年以下	8.8
	女	82.5		3~5年	9.5
是否班主任	是	39.5		6~10年	15.0
	否	60.5		11~15年	10.7
学段	小学	57.1		16~20年	11.5
	初中	27.8		21~25年	15.6
	高中	15.1		26~30年	16.0
职称	未定级	4.9		30年以上	12.9
	初级	30.3	最高学历	专科	1.6
	中级	41.8		本科	79.4
	高级	22.9		研究生	19.0
学校所在地	城区	82.5	学科	语数外	45.7
	乡镇	13.7		史地生物化	14.7
	乡村	3.8		音体美及其他	39.6
学校所在区	核心城区	74.5	所获最高荣誉	市级及以上荣誉	6.6
	郊区	25.5		区级荣誉	34.6
是否干部	干部	20.1		校级荣誉	24.8
	普通任课教师	79.9		尚无荣誉	34.0

注：在学段类别中，选择"无"的人数仅有252人，数量较少，故将其以缺失值处理。

第一部分为自编《中小学师德水平测试问卷》（教师问卷）。

师德（教师职业道德，teacher professional morality），是指从事教育职业的人，在处理各种与教育教学相关的伦理关系时，所应具备的道德品质和行为方式。师德规范（教师职业道德规范）是根据教育教学活动的特征，对教师在日常教学中遇到的伦理问题和伦理关系，进行深入思考而制定的教师"必须"遵守的行为规则。师德规范作为教师伦理制度的重要组成部分，它以专业化为圭臬，规定了教师的伦理责任并要求作为专业人员的教师对规范的绝对遵从，即：师德规范先在地规定了教师应该如何处理好各种伦理关系，以及在教育教学工作中应该做什么不应该做什么。所以，教师是否能够有效地履行师德规范中所要求的道德责任，可以在一定程度上反映师德水平。

2001 年，国际教育组织（Educational International）发布了《关于教师职业道德的宣言》，该宣言从教师对职业、学生、同事、管理层、家长 5 个伦理维度，对教育工作者提出了"应该"如何行事的规定。[①] 在我国教师伦理研究领域，有学者将教师伦理关系划定在教师与学生、教师与家长、教师与学校及社会、教师与职业、教师与自身、教师与同行 6 个伦理维度中，并以此为依据设计了教师伦理研究问卷。[②] 还有学者从教师目标追求、个人品质、工作意义 3 个维度设计出教师工作伦理量表。[③] 借鉴已有研究，本报告通过纵向比较研究我国中小学师德规范（准则）内容，以及横向比较研究国内外教师伦理规范内容，[④] 发现我国师德规范主要规定了教师职业与 6 个伦理维度之间的关系。6 个伦理维度分别指：国家与社会伦理维度、学生伦理维度、专业伦理维度、个人品质伦理维度、同事伦理维度、家长伦理维度。具体来说：①国家与社会伦理维度，是指教师与国家及社会之间的伦理关系，主要指教师在从事教育教学活动中，要坚定政治方向，恪守爱国守法精神，传播优秀文化；②学生伦理维度，是指教师与学生的伦理关系，具体指教师在从事教育教学活动中，要做到关爱学生、尊重学生、公平对待学生；③专业伦理维度，是指教师与专业之间的关系，具体指教师在从事教育教学活动中，要恪守专业自律，爱岗敬业、尽职尽责；④个人品质伦理维度，是指教师作为教育专业人员应具备的品质，具体指教师在从事教育教学活动中，要做到为人师表、行为雅正，对学生具有包容心和同理心；⑤同事伦理维度，是指教师与同事的伦理关系，具体指教师在从事教育教学活动中，要尊重同事，能够与同事平等合作；⑥家长伦理维度，是指教师与学生家长的关系，具体指教师在从事教育教学活动中，要尊重家长，与家长加强

---

① 国际教育组织（Educational International）关于《教师职业道德的宣言》。参见《师道》，http://shidao.shnu.edu.cn，最后访问时间：2021 年 10 月 6 日。

② 朱水萍：《教师伦理：现实样态与未来重构》，南京大学出版社，2014。

③ 魏祥迁：《教师工作伦理及对教师失范行为的作用机制研究》，世界图书出版公司，2013。

④ 陈黎明：《如何完善我国教师职业道德规范？——基于对五个国家教师职业道德规范的质性内容分析》，《教育科学研究》2019 年第 2 期。

沟通，友好交流。以上 6 个伦理维度的内容，是我国师德规范中要求教师作为专业人员必须处理与遵守的内部伦理关系和行为准则。

基于此，本报告的问卷以改革开放以来国家层面颁布的 5 份中小学师德规范、准则内容为依据（见表 2），将我国师德规范包含的 6 个伦理维度作为问卷结构的 6 个因子，按照从抽象到具体的原则，在 6 个伦理维度下进一步设计出 16 个原则性指标、38 个具体性指标，以及操作性强的 53 个指导性要求。例如，在学生伦理维度下，有"关爱学生""尊重学生""平等对待学生" 3 个原则性指标。在此基础上，设计出"了解学生""因材施教""不讽刺挖苦学生"等 13 个具体性指标，以及 20 个操作性强的指导性要求。再如，在"平等对待学生"的原则性指标下，提出"不能故意忽视任何学生参与各种活动的权利"的指导性要求。为了便于中小学教师理解题目内涵，该问卷主要选取 34 个具体性指标与指导性要求作为测试题目，为了在问卷中获得更多信息，少数题目下设计的选项意义是平行的，在数据统计时会予以处理。问卷采用 5 分量表法，赋值为 1~5 分，分别代表"非常不符合""比较不符合""一般""比较符合""非常符合"。符合度越高，分值越高，所反映的师德水平就越高。

表 2　改革开放以来我国中小学教师师德规范文件

序号	文件名	时间	类型	规则数
1	《中小学教师职业道德要求（试行草案）》	1984 年	要求	6
2	《中小学教师职业道德规范》	1991 年	规范	6
3	《中小学教师职业道德规范》	1997 年	规范	8
4	《中小学教师职业道德规范》	2008 年	规范	6
5	《新时代中小学教师职业行为十项准则》	2018 年	准则	10

本报告《中小学师德水平测试问卷》（教师问卷）题目来源于我国 5 份师德规范（准则）中的内容，以及教师伦理研究、师德规范研究等相关文献。因此，该问卷具有较高的内容效度。同时，通过信度检验，发现问卷的

Cronbach's α 系数为 0.80，信度良好。

第二部分为自编《师德培训与师德评价基本情况调查问卷》。该问卷基于党的十八大以来有关师德建设文件中对师德培训（频次、内容、类别）、师德评价（主体、形式、效果）的具体要求来设计题目，即问卷题目来源于政策问卷中的要求，所以具有一定的内容效度。

第三部分为自编《教师对师德政策认知度问卷》。该问卷基于政策文件要求，研究选取 10 份国家及北京市出台的具有代表性的师德文件作为题目，考察中小学教师对师德政策的认知度。研究使用 5 分量表法，分值越高（赋值分为 1~5 分），说明对政策的认知度越高。该问卷题目取自师德文件中要求教师学习的政策文件，所以具有较高内容效度。通过信度检验，发现问卷的 Cronbach's α 系数为 0.98，信度较好。

（六）研究实施

问卷样本区域依据 20% 的教师总数比例选择小学、初中、高中相应人数的教师作答。问卷回收之后采用 SPSS16.0 软件进行描述性统计分析、频数统计分析、卡方检验、独立样本 T 检验、单因素方差分析。

三　研究结果

（一）北京市中小学教师师德水平基本情况

1. 总体情况

北京市中小学教师师德水平较高。在师德伦理维度的 6 个方面平均得分为 4.70 分。具体来看（见表 3）：第一，在个人品质与同事伦理维度方面得分最高，均为 4.80 分；第二，专业伦理维度方面得分为 4.72 分；第三，国家与社会伦理维度方面得分为 4.69 分；第四，学生伦理维度方面得分为 4.66 分；第五是家长伦理维度方面得分为 4.58 分。

表3　北京市中小学教师在师德水平6个伦理维度中的平均得分

伦理维度	平均值	标准差
个人品质	4.80	0.44
同事	4.80	0.40
专业	4.72	0.43
国家与社会	4.69	0.57
学生	4.66	0.58
家长	4.58	0.49

在我国，社会对教师形象的期待不仅仅有知识渊博，而且还有行为世范。从1984年到2018年的5份师德规范，都对教师个人品质有极高的要求，例如，要求教师坚守高尚情操、光明磊落、知荣明耻等。受传统文化的影响，我国教师也较为注重个人品质的修炼。从调研结果看，在师德水平的6个伦理维度中，个人品质得分最高，这表明大多数教师能够做到为人师表、行为雅正。在同事伦理维度上得分较高，可以理解为教师之间的关系比较和谐、融洽，能够互相尊重、团结合作。教师在家长、学生两个伦理维度上的得分较低，说明教师在处理与学生及其家长的伦理关系方面有待进一步提高。

虽然以往的师德规范在家长伦理维度上的要求较少，但是《中小学教师违反职业道德行为处理办法》《严禁教师违规收受学生及家长礼品礼金等行为的规定》等禁令性文件，对如何处理与家长之间的关系有明确的底线要求。新时代，家长参与学校教育的程度越来越高，教师应该学会处理好与家长的关系，构建良好的家校沟通环境，为学生的健康成长提供坚实的保障。

更值得注意的是，教师在学生伦理维度上的得分排在倒数第二位。然而，教师与学生的关系是教育教学工作中最重要的一对伦理关系，教师如何对待学生，如何处理与学生之间的关系，直接影响教学效果与学生的身心成长。所以，教师需要进一步深入学习理解、关爱学生，尊重学生，平等对待学生的内涵，以及此内涵在现实教育工作中的具体体现，进而构建和谐友善的、教学相长的师生关系。

2. 不同教师群体师德水平得分的差异分析

通过单因素方差分析进一步发现，不同类别教师在师德水平总体得分以及 6 个伦理维度中的得分，具有一定的差异（见表 4），主要表现在如下。

（1）学段差异

小学教师在 6 个伦理维度上的平均得分均显著高于初中、高中教师。从总体得分情况来看，小学教师得分最高（4.74）；其次是初中教师（4.68）；最后是高中教师（4.66）。学段从低到高，在师德水平上的平均得分则呈现下降趋势。

（2）学校所在地差异

从总体得分情况来看，城区教师的平均得分最高（4.71）；其次是乡村教师（4.69）；最后是镇区教师（4.67）。通过多重分析进一步发现，镇区教师与乡村教师的平均得分没有显著差异，显著差异出现在城区教师与乡镇教师之间。

（3）教龄段差异

不同教龄段教师在个人品质、专业、国家与社会、学生 4 个伦理维度的平均得分具有显著差异。从总计得分来看，教龄段"30 年以上"的教师得分最高（4.73）；教龄段"16~20 年""3 年以下"的教师得分最低（均为4.69）；从教龄段得分的总体趋势上看，呈现三段明显变化，主要表现为：第一段，从"3 年以下"到"3~5 年"教龄段的教师，师德水平得分有明显的上升趋势；第二段，从"6~10 年"到"16~20 年"教龄段的教师，在师德水平得分上有下降趋势；第三段，从"21~25 年"到"30 年以上"教龄段的教师，在师德水平得分上又有明显的上升趋势。

（4）学历差异

从总计得分情况来看，本科学历教师得分最高（4.71），其次是研究生学历教师（4.68），最后是专科学历教师（4.65）。本科学历教师得分显著高于专科和研究生学历教师。不同学历教师在 6 个伦理维度上的得分具有显

表4 北京市中小学不同教师群体师德水平平均得分的差异分析

类别		师德水平维度						总计
		个人品质	同事	专业	国家与社会	学生	家长	
学段	小学	4.82	4.81	4.76	4.71	4.71	4.63	4.74
	初中	4.79	4.78	4.69	4.68	4.60	4.51	4.68
	高中	4.76	4.77	4.69	4.64	4.58	4.51	4.66
	卡方值	15.170***	18.625***	45.377***	13.362***	83.383***	109.347***	
学校所在地	城区	4.80	4.80	4.73	4.70	4.67	4.58	4.71
	乡村	4.79	4.77	4.68	4.68	4.63	4.58	4.69
	镇区	4.77	4.76	4.68	4.64	4.62	4.56	4.67
	卡方值	6.70**	13.44***	16.45***	10.39***	7.52**	2.74	
教龄段	3年以下	4.75	4.79	4.73	4.63	4.66	4.59	4.69
	3~5年	4.77	4.82	4.77	4.67	4.70	4.58	4.72
	6~10年	4.79	4.82	4.75	4.67	4.68	4.57	4.71
	11~15年	4.79	4.79	4.73	4.68	4.67	4.56	4.71
	16~20年	4.78	4.79	4.71	4.68	4.62	4.54	4.69
	21~25年	4.82	4.79	4.70	4.70	4.64	4.58	4.71
	26~30年	4.81	4.78	4.70	4.71	4.66	4.59	4.71
	30年以上	4.84	4.78	4.72	4.73	4.68	4.60	4.73
	卡方值	7.87***	2.86	6.74***	4.69***	3.39**	2.78	
学历	专科	4.77	4.70	4.61	4.67	4.59	4.58	4.65
	本科	4.81	4.80	4.73	4.69	4.67	4.59	4.71
	研究生	4.77	4.78	4.73	4.65	4.62	4.54	4.68
	卡方值	10.20***	8.99***	8.10***	7.18**	13.36***	11.90***	
是否班主任	班主任	4.82	4.83	4.76	4.71	4.69	4.62	4.74
	非班主任	4.79	4.77	4.70	4.67	4.64	4.55	4.69
	卡方值	22.21***	71.94***	72.67***	22.74***	22.79***	22.79***	

注: ** 表示 $p<0.01$, *** 表示 $p<0.001$。

著差异，主要体现为：在个人品质、国家与社会、家长 3 个伦理维度上，本科学历教师得分显著高于研究生学历教师；在同事伦理维度上，本科学历教师得分显著高于专科学历教师；在学生维度上，本科学历教师显著高于专科与研究生学历教师；在专业维度上，本科和研究生学历教师显著高于专科学历教师。

（5）是否班主任的差异

在师德 6 个伦理维度方面，班主任的得分都显著高于非班主任。具体来看：在个人品质伦理维度上，班主任的平均得分是 4.82，非班主任是 4.79；在同事伦理维度上，班主任的平均得分是 4.83，非班主任是 4.77；在专业伦理维度上，班主任的平均得分是 4.76，非班主任是 4.70；在国家与社会伦理维度，班主任的平均得分是 4.71，非班主任是 4.67；在学生伦理维度上，班主任的平均得分是 4.69，非班主任是 4.64；在家长伦理维度上，班主任的平均得分是 4.62，非班主任是 4.55。

概而言之，小学教师、30 年以上教龄段教师、本科学历教师、班主任教师在师德水平方面的得分，显著高于其他同类别教师。归纳分析可知，以上几种类别的教师主要有以下特点。

第一，工作的范围更广。例如，与初中、高中教师相比，小学教师的工作任务更加全面且复杂，因为小学教师的工作对象是 7~12 岁的未成年的小学生，所以小学教师在传递知识的同时，还要对小学生在校期间的安全、卫生、学习习惯等给予全方位指导与管理。在此情况下，班主任教师不仅要负责学科教学，还要对学生学习生活的方方面面给予指导、管理和帮助。在此过程中，小学教师、班主任教师接触学生和家长的机会也较其他同类别教师多。

第二，工作时间长。例如，30 年以上教龄段教师在一定程度上对教育教学的理解会比教龄短的教师更加深刻，在专业发展和师生交往、家校沟通方面也会比教龄短的教师更有经验。

第三，对师德政策的认知度较高。通过相关分析、研究发现，教师对师德政策的认知度与师德水平呈现正相关。

第四，参与师德培训频次多。调研发现，小学教师、本科学历教师、班

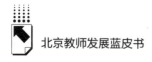

主任教师在参与师德培训频次上，显著高于其他同类别教师，具体情况参见表6。

此外，在个人品质、同事、专业、国家与社会、学生5个师德伦理维度上，城区中小学教师都高于镇区和乡村的同类别教师。

（二）北京市中小学师德建设基本情况

1. 北京市中小学师德培训的基本情况

（1）北京市中小学教师参与师德培训频次的总体情况

调查问卷按照校级培训、区级培训、市级培训三级层次分类；以"一年两次及以上""一年一次""两年一次""三年一次""从未参加过"为频次选项，考察北京市中小学教师参与校、区、市三级师德培训的基本情况及不同类型教师之间的差异。

总体来看，96.5%的教师完成了文件要求的"在职教师培训中要确保每学年有师德师风专题教育"的培训频次。北京市中小学教师参与校级师德培训的频次高于区级培训和市级培训，具体来如下。

在校级培训方面，北京市中小学教师中，有83.2%的教师表示能够参加"一年两次及以上"的校级师德培训；13.3%的教师表示能够"一年一次"参加校级师德培训。可见，96.5%以上的教师至少能够参加了"一年一次"的校级师德培训。此外，仍然有1.0%的教师能够"两年一次"参加校级师德培训；0.9%的教师能够"三年一次"参加校级师德培训。不过值得注意的是，有1.6%的教师表示"从未参加过"校级师德培训。

在区级师德培训方面，北京市中小学教师中，有46.1%的教师表示能够"一年两次及以上"参加区级师德培训；38.6%的教师表示能够"一年一次"参加区级师德培训。可见，84.7%的教师至少能够参与过"一年一次"的区级师德培训。此外，还有3.1%的教师表示能够"两年一次"参加区级师德培训；2.3%的教师表示能够"三年一次"参加区级师德培训。但是，有9.9%的教师表示"从未参加过"区级师德培训。

在市级培训方面，北京市中小学教师中，有 32.6% 的教师表示能够"一年两次及以上"参加市级师德培训；35.8% 的教师表示能够"一年一次"参加市级师德培训；可见，有 68.4% 的教师至少能够参加了"一年一次"的市级师德培训。此外，仍有 6.1% 的教师表示能够"两年一次"参加市级师德培训；4.7% 的教师表示能够"三年一次"参加市级师德培训。但是，还有 20.7% 的教师表示"从未参加过"市级师德培训。具体参见表 5。

表 5　北京市中小学教师参加各级师德培训频次

单位：%

选项	一年两次及以上	一年一次	两年一次	三年一次	从未参加过
校级师德培训	83.2	13.3	1.0	0.9	1.6
区级师德培训	46.1	38.6	3.1	2.3	9.9
市级师德培训	32.6	35.8	6.1	4.7	20.7

2019 年，教育部等七部门联合印发了《关于加强和改进新时代师德师风建设的意见》（教师〔2019〕10 号）（以下简称《意见》）。《意见》指出："将师德师风教育贯穿师范生培养及教师生涯全过程……在职教师培训中要确保每学年有师德师风专题教育。"按照《意见》的规定，在职教师最少一年一次参加师德专项教育。研究结果显示，有 8 成以上的北京市中小学教师参与了"一年两次及以上"频次的校级师德培训，96.5% 的教师完成了《意见》中要求的"在职教师培训中要确保每学年有师德师风专题教育"的培训频次。

（2）差异分析

通过卡方检验进一步发现，不同类别教师在参与师德培训的频次上具有显著性差异（见表 6），主要表现如下。

①职称差异。不同职称的教师在参与校级、区级、市级师德培训的频次上，具有显著性差异，其差异主要表现为如下。

在校级师德培训上，中级教师参与师德培训频次最多，84.6% 的中级教师参加了"一年两次及以上"频次的校级师德培训，显著高于初级、未评

表6　北京中小学各类别教师参加师德培训频次的差异

单位：%

类别		校级师德培训频次					区级师德培训频次					市级师德培训频次				
		一年两次及以上	一年一次	两年一次	三年一次	从未参加	一年两次及以上	一年一次	两年一次	三年一次	从未参加	一年两次及以上	一年一次	两年一次	三年一次	从未参加
职称	未评级	78.6	13.7	0.9	0.3	6.5	46.2	36.3	1.7	0.4	15.5	36.1	33.8	2.9	0.9	26.2
	初级	83.1	13.6	0.8	0.7	1.8	47.5	39.1	2.8	1.9	8.7	37.0	37.3	5.2	3.3	17.3
	中级	84.6	12.6	1.0	0.8	1.1	45.8	38.5	3.5	2.4	9.9	31.5	34.9	6.8	5.1	21.7
	高级	82.0	14.3	1.2	1.3	1.3	44.6	38.6	3.3	3.3	10.2	28.1	36.0	6.9	6.7	22.4
卡方值		157.647***					80.625***					213.505***				
学段	小学	87.7	9.7	0.7	0.6	1.3	50.0	36.4	2.7	2.0	8.9	35.9	35.1	5.80	4.0	19.2
	初中	78.4	17.0	1.4	1.1	2.1	41.0	40.9	3.5	3.0	11.6	27.8	35.5	6.60	5.6	24.4
	高中	76.3	19.6	1.0	1.4	1.7	41.3	42.5	4.1	2.4	9.8	30.3	39.3	6.20	5.5	18.8
卡方值		298.321***					144.498***					140.469***				
班主任	是	85.9	11.3	0.8	0.7	1.3	47.7	38.0	2.5	2.0	9.8	34.4	36.9	5.30	3.9	19.6
	否	81.5	14.3	1.1	1.0	1.8	45.0	39.0	3.5	2.6	9.9	31.4	35.2	6.70	5.2	21.5
卡方值		53.832***					24.174***					47.830***				
学历	专科	84.2	12.0	0.4	1.7	1.7	44.9	38.0	3.4	4.7	9.0	31.6	28.2	9.8	7.3	23.1
	本科	84.3	12.5	0.9	0.9	1.4	46.8	38.0	3.0	2.4	9.9	32.5	35.5	6.1	5.0	20.9
	研究生	78.7	16.8	1.3	0.7	2.5	43.1	41.2	3.8	1.8	10.1	33.2	37.6	5.9	3.4	19.9
卡方值		70.16***					29.60***					29.92***				

注：*** 表示 $p < 0.001$。

级、高级教师。其中，有6.5%的未评级教师表示"从未参加过"校级师德培训。

在区级师德培训上，初级教师参加师德培训频次最多，47.5%的初级教师参加了"一年两次及以上"频次的区级师德培训，显著高于中级、未评级、高级教师。其中，有15.5%的未评级教师表示"从未参加过"区级师德培训。

在市级师德培训上，初级教师参与师德培训频次最多，37.0%的初级教师参加了"一年两次及以上"频次的市级师德培训，显著高于中级、未评级、高级教师。其中，有26.2%的未评级教师表示"从未参加过"市级师德培训。

总体来看，各级职称教师参加校级培训频次，显著多于参加区级与市级师德培训。初级、中级教师参加师德培训的频次，多于未评级与高级职称教师。在"从未参加过"师德培训的教师中，未评级教师人数占比最多。

②学段差异。不同学段的教师在参加校级、区级、市级师德培训频次上具有显著性差异，差异具体表现在如下。

在校级师德培训上，小学教师参与度最高。在"一年两次及以上"校级师德培训中，小学教师占总数的87.7%，初中教师占78.4%，高中教师占76.3%。

在区级师德培训上，小学教师参与度也最高。在"一年两次及以上"区级师德培训中，小学教师占总数的50.0%，初中教师占41.0%，高中教师占41.3%。同时，在"从未参加过"区级师德培训中，初中教师占比最大，占11.6%。

在市级师德培训方面，小学教师参与度仍然最高。在"一年两次及以上"市级师德培训中，小学教师占35.9%，高中教师占30.3%，初中教师占27.8%；在"从未参加过"市级师德培训方面，初中教师占比最大，占24.4%。

总体来看，在校级、区级、市级三级培训中，小学教师参与度最高，显著高于初中、高中教师。在"从未参加过"师德培训的教师中，初中、高中教师人数占比较多。

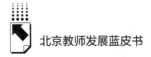

③是否班主任的差异。在参加校级、区级、市级师德培训频次上，班主任都显著多于非班主任。具体表现如下。

在校级师德培训频次方面，班主任显著多于非班主任。班主任参加"一年两次及以上"频次的为85.9%，非班主任为81.5%。

在区级师德培训频次方面，班主任也显著多于非班主任。班主任参与"一年两次及以上"频次的为47.7%，非班主任为45.0%。

在市级师德培训频次方面，班主任仍然显著多于非班主任。班主任参与"一年两次及以上"频次的为34.4%，非班主任为31.4%；在此级师德培训"一年一次"频次上，班主任为36.9%，非班主任为35.2%。

④学历差异。不同学历的教师在参加校级、区级、市级师德培训频次上，具有显著性差异，其差异主要表现为如下。

在校级师德培训频次上，本科学历教师参加师德培训频次最多，有84.3%的本科学历教师参加了"一年两次及以上"频次的师德培训，显著高于研究生学历教师的78.7%。

在区级师德培训频次上，本科学历教师参加师德培训频次也最多，有46.8%的本科学历教师参加了"一年两次及以上"频次的师德培训，显著高于专科、研究生学历教师的43.1%。

在市级师德培训频次上，研究生学历教师参与师德培训频次最多，有33.2%的研究生学历教师参加了"一年两次及以上"频次的师德培训，显著高于专科、本科学历教师的31.6%和32.5%。

总体来看，本科学历教师参加校级、区级师德培训频次多于专科、研究生学历教师。具有研究生学历的教师参与市级培训的频次显著多于专科、本科学历教师。专科学历教师参与市级师德培训的频次最少，且有23.1%的专科学历教师表示"从未参加过"市级师德培训。

从不同类别教师参加各级师德培训频次的差异来看，北京市初级、中级教师，小学教师，本科学历教师，班主任教师参加师德培训的频次更多。值得注意的是，近年来北京市各区加大了对"非师范类毕业教师"以及"所教非所学"教师的专项培训力度，使得"非师范类毕业，当前所教与所学不一致"的教师，在参加各级师德培训上，其频次都多于其他同类别教师，且参与市级师德培训的频次最多。

（3）北京市中小学师德培训内容的基本情况

参照 2019 年《关于加强和改进新时代师德师风建设的意见》所要求的师德培训的重点学习内容，以及教育部制定的《中小学教师培训课程指导标准（师德修养）》中所规定的师德培训 A 类必修课程，本报告将"中国传统文化与社会主义核心价值观""习近平总书记关于教育的重要论述""心理健康知识""师德榜样故事""教育的政策法规""师德政策文件（含规范、准则）内容解读"6 项作为选项，以考察北京市中小学教师在师德培训内容方面的基本情况，以及不同类别教师学习师德知识的差异。

总体来看，北京市中小学教师的师德培训内容较为丰富，涵盖了政策文件要求学习的重点内容（见表 7），具体表现如下。教师培训时学习内容的人数比例排序如下：第一是"习近平总书记关于教育的重要论述"（79.46%）；第二是"教育的政策法规"（76.65%）；第三是"中国传统文化与社会主义核心价值观"（76.61%）；第四是"师德榜样故事"（76.58%）；第五是"师德政策文件（含规范、准则）内容解读"（75.68%）；第六是"心理健康知识"（69.91%）。

表 7 北京市中小学教师师德培训的政策文件要求的内容情况

单位：人，%

排序	师德培训内容	人数	百分比
1	习近平总书记关于教育的重要论述	13959	79.46
2	教育的政策法规	13465	76.65
3	中国传统文化与社会主义核心价值观	13459	76.61
4	师德榜样故事	13453	76.58
5	师德政策文件（含规范、准则）内容解读	13295	75.68
6	心理健康知识	12282	69.91

在已经学习的师德培训知识中，北京市中小学教师希望通过培训学习的知识排在前 3 位的是："心理健康知识"（74.40%）、"师德规范的案例式解

读"（62.33%）、"教育的政策法规"（61.31%）。排在最后一位的是"师德
政策文件（含规范、准则）内容解读"（44.64%）。

由表8的排序可以发现，在希望通过师德培训学习的知识方面，北京市
中小学教师对"心理健康知识"的需求度最高。然而，由表7可知，在政
策文件所要求的教师师德培训内容方面，"心理健康知识"培训在人数及其
比例方面，排在最后一位。

表8 北京市中小学教师希望通过师德培训学习的内容

单位：人，%

排序	师德培训内容	人数	百分比
1	心理健康知识	13070	74.40
2	师德规范的案例式解读	10951	62.33
3	教育的政策法规	10771	61.31
4	中国传统文化与社会主义核心价值观	10417	59.30
5	习近平总书记关于教育的重要论述	9531	54.25
6	师德榜样故事	8602	48.96
7	师德政策文件（含规范、准则）内容解读	7842	44.64

通过卡方检验可以进一步发现，不同类别教师在参加师德培训内容方面
具有显著性差异（见表9），主要表现如下。

①职称差异。不同职称的教师在参加师德培训的内容上具有显著性差
异，其差异主要表现如下。

未评级教师，除"师德榜样故事"内容外，在其他内容的学习上，比
例都显著低于其他职称教师。

初级教师在参加"习近平总书记关于教育的重要论述""师德榜样故
事"的学习上，比例显著高于其他职称教师；其中，在"师德政策文件
（含规范、准则）内容解读"上比例虽高于其他职称，但不显著。

中级教师在"心理健康知识"的学习上，比例显著高于其他职称教师。

高级教师在"教育的政策法规""中国传统文化与社会主义核心价值
观"的学习上，比例显著高于其他职称教师。

②学段差异。不同学段的教师通过师德培训在学习的内容上具有显著性差异。小学教师学习的内容更广，在6个主要内容的学习方面，比例都显著高于初中、高中教师，具体表现为：在"中国传统文化与社会主义核心价值观"内容上，小学教师比例显著高于初中教师，但高于高中教师并不显著。在其他5项内容的学习上，小学教师比例均显著高于初中教师、高中教师。

③是否班主任的差异。班主任教师在"师德榜样故事""师德政策文件（含规范、准则）内容解读""心理健康知识"方面的学习，比例显著高于非班主任教师。在其他3项内容的学习上，二者没有显著性差异。

表9　北京市中小学教师在师德培训内容上之比例差异

单位：%

类别		教师通过师德培训学习的内容					
		习近平总书记关于教育的重要论述	教育的政策法规	中国传统文化与社会主义核心价值观	师德榜样故事	师德政策文件（含规范、准则）内容解读	心理健康知识
职称	未评级	76.3	73.4	65.8	75.6	76.0	62.5
	初级	82.4	77.0	76.1	79.0	78.9	68.0
	中级	80.0	78.8	78.4	78.2	77.7	73.4
	高级	81.0	81.0	79.7	75.4	76.7	71.9
卡方值		20.41***	32.05***	81.21***	18.75***	7.67	68.81***
学段	小学	82.70	80.10	78.40	81.10	79.60	74.00
	初中	77.00	76.40	75.60	72.80	75.50	67.00
	高中	80.50	76.10	77.20	74.40	75.00	66.50
卡方值		61.740***	32.785***	12.38**	136.923***	41.134***	95.750***
班主任	是	80.5	79.6	77.2	79.4	79	74.7
	否	80.9	77.7	77.5	76.6	77	68.4
卡方值		0.431	7.69**	0.033	17.982***	9.580**	71.245***

注：** 表示 $p<0.01$，*** 表示 $p<0.001$。

由上述分析可以看出，在师德培训内容方面，有7成左右（69.91%~79.46%）的北京市中小学教师，都学习了政策文件所规定的重点内容。从

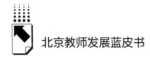

不同类别教师师德培训学习内容的差异检验来看：在各类师德知识学习上，未评级教师的比例都低于其他职称教师，其原因有可能是未评级的教师入职时间较短，参加师德培训的机会较少；小学教师在师德知识学习上，比例高于初中、高中教师；班主任教师参加师德培训，在"师德榜样故事""师德政策文件（含规范、准则）内容解读""心理健康知识"的学习上，比例显著高于非班主任。

通过卡方检验进一步发现，不同类别教师在希望通过师德培训学习的内容方面，具有显著性差异（见表10），主要表现如下。

表10 北京市中小学教师希望通过师德培训学习的内容差异

单位：%

类别		教师希望通过师德培训学习的内容						师德政策文件(含规范、准则)内容解读
		心理健康知识	师德规范的案例式解读	教育的政策法规	中国传统文化与社会主义核心价值观	习近平总书记关于教育的重要论述	师德榜样故事	
职称	未评级	72.8	70.6	64.0	55.7	56.4	59.2	52.7
	初级	75.0	62.3	60.1	58.0	53.2	51.2	45.2
	中级	76.8	61.9	62.5	61.6	53.1	48.1	44.5
	高级	74.3	61.4	62.4	63.7	55.0	44.0	44.5
卡方值		13.13**	24.82***	9.21	39.17***	5.97	79.73***	19.53***
学段	小学	77.4	63.5	63.6	61.2	56.2	51.4	46.7
	初中	73.9	61.3	60.0	60.4	49.9	44.9	43.4
	高中	71.1	59.2	56.9	58.7	50.6	44.4	41.0
		47.63***	17.17***	42.15***	5.18	57.44***	68.74***	30.17***
班主任	是	77.0	62.1	59.6	59.7	51.5	49.5	43.4
	否	74.5	62.5	63.3	61.4	55.2	48.0	46.3
卡方值		12.58***	0.030	21.11***	4.57*	20.17***	3.55	12.56***

注：* 表示 $p<0.05$，** 表示 $p<0.01$，*** 表示 $p<0.001$。

①职称差异。不同职称的教师在希望通过师德培训学习的内容上有显著性差异，其差异主要表现如下。

未评级教师在希望学习"师德规范的案例式解读""教育的政策法规""习近平总书记关于教育的重要论述""师德榜样故事""师德政策文件（含规范、准则）内容解读"方面，比例显著高于其他职称教师。中级教师在希望学习"心理健康知识"方面，比例显著高于其他职称教师；高级教师在希望学习"中国传统文化与社会主义核心价值观"方面，比例显著高于其他职称教师。

②学段差异。不同学段的教师在希望通过师德培训学习的内容上具有显著性差异。除了"中国传统文化与社会主义核心价值观"之外，在其他6个方面的内容上，小学教师的比例都显著高于初中、高中教师。

③是否班主任的差异。班主任教师更希望通过师德培训学习"心理健康知识"，在这方面其比例显著高于非班主任教师。非班主任教师则在希望学习"教育的政策法规""习近平总书记关于教育的重要论述""师德政策文件（含规范、准则）内容解读"三项内容上，比例显著高于班主任教师。

通过上述差异分析可以看出，中级教师、小学教师、班主任教师更希望通过师德培训学习"心理健康知识"。此3类教师的工作与其他同类别教师相比，需要付出更多的精力。例如，具有中级职称的教师，一般都属于学校的中坚力量，教学任务繁重，心理压力较大。同样，小学教师、班主任教师的工作也比其他同类别教师的工作繁重。那么，加强这几类教师的"心理健康知识"教育尤为必要。另外，未评级教师一般为入职时间较短的教师，对于他们而言，比较实用的、指导性较强的师德培训内容则更为需要，例如，"师德规范的案例式解读"等。

（4）北京市中小学师德培训形式的基本情况

总体来讲，北京市中小学教师参加师德培训的形式以专题讲座为主，形式比较灵活（见表11）。主要形式有专题讲座、案例式教学、故事演讲、问题研讨、基层党组织活动等。其中，专题讲座是当前最主要的培训形式（91.95%）；其次是案例式教学（59.69%）；再次是故事演讲（39.90%）。同时，教师最喜欢的师德培训形式是案例式教学（71.30%）。

表11　北京市中小学教师师德培训形式的基本情况

单位：人，%

	目前教师参与师德培训的主要形式			教师喜欢参加的师德培训形式		
排序	培训形式	人数	百分比	培训形式	人数	百分比
1	专题讲座	16154	91.95	案例式教学	12526	71.30
2	案例式教学	10486	59.69	故事演讲	9999	56.92
3	故事演讲	7010	39.90	专题讲座	9916	56.44
4	问题研讨	6894	39.24	问题研讨	6314	35.94
5	基层党组织活动	6752	38.43	基层党组织活动	3500	9.92

值得注意的是，当前主要的师德培训形式是专题讲座。然而，只有56.44%的中小学教师喜欢专题讲座形式的师德培训。所以，应进一步创新师德培训形式，提高师德培训的吸引力和实效性。

通过卡方检验进一步发现，不同类别教师在参加不同类型师德培训形式方面，具有显著性差异（见表12），主要表现如下。

表12　北京市中小学教师参加师德培训形式的基本情况

单位：%

类别		教师参与的师德培训形式				
		专题讲座	案例式教学	故事演讲	问题研讨	基层党组织活动
职称	未定级	87.5	61.2	38.5	40.6	33.2
	初级	92.5	61.0	41.0	38.4	38.2
	中级	94.1	59.7	39.6	39.4	38.4
	高级	93.4	57.4	37.2	39.0	43.7
卡方值		50.47***	12.13**	12.72**	1.87	46.50***
学段	小学	93.4	64.0	43.5	43.3	41.3
	初中	93.3	53.9	33.9	33.6	36.5
	高中	91.6	55.2	34.1	33.4	36.0
卡方值		10.09**	149.59***	147.52***	152.92***	39.78***
班主任	是	93.8	62.1	40.7	42.1	39.1
	否	92.6	58.1	38.6	37.1	39.4
卡方值		8.87**	25.74***	7.14	38.95***	0.085

注：** 表示 $p<0.01$，*** 表示 $p<0.001$。

①职称差异。在参加案例式教学形式的师德培训上，未评级教师的比例高于其他职称教师，但不显著；在参加故事演讲形式的师德培训上，初级教师的比例显著高于其他职称教师；在参加专题讲座形式的师德培训上，中级教师的比例显著高于其他职称教师；在参加基层党组织活动形式的师德培训上，高级教师的比例显著高于其他职称教师。

②学段差异。小学教师在参加各种形式的师德培训方面，比例都显著高于初中、高中教师。其中，在参加专题讲座方面，小学教师的比例显著高于高中教师，但不显著高于初中教师。这表明小学教师在参加师德培训的形式上，与初中、高中教师相比，更为灵活多样。

③是否班主任的差异。班主任教师在参与专题讲座、案例式教学、故事演讲、问题研讨形式的师德培训上，比例显著高于非班主任教师；非班主任教师则在参与基层党组织活动形式的师德培训上，比例高于班主任，但差异并不显著。

通过卡方检验进一步发现，不同类别教师在希望参加不同类型师德培训形式方面，具有显著性差异（见表13），主要表现如下。

表13　北京市中小学教师喜欢参加的师德培训形式基本情况

单位：%

类别		北京市中小学教师喜欢参与的师德培训形式				
		专题讲座	案例式教学	故事演讲	问题研讨	基层党组织活动
职称	未评级	54.5	74.3	66.5	41.6	21.2
	初级	57.0	71.4	58.1	31.6	19.1
	中级	55.4	71.4	57.3	35.2	19.5
	高级	55.6	71.9	52.2	40.8	20.7
卡方值		3.96	3.19	65.84***	89.56***	5.03
学段	小学	56.8	71.6	59.5	35.5	21.8
	初中	55.1	72.6	54.4	36.5	16.8
	高中	53.7	70.5	51.6	34.0	16.6
卡方值		8.60*	3.49	63.79***	4.26	61.86
班主任	是	55.0	73.2	57.2	35.1	18.4
	否	56.5	70.7	56.6	36.1	20.6
卡方值		3.15	11.82**	0.64	1.75	10.68**

注：* 表示 $p<0.05$，** 表示 $p<0.01$，*** 表示 $p<0.001$。

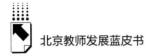

①职称差异。不同职称的教师在喜欢的师德培训形式上，有显著性差异。其差异主要表现为：未评级教师更喜欢案例式教学、故事演讲、问题研讨形式的师德培训，且比例显著高于其他职称教师。其他各级职称的教师均较为喜欢案例式教学和故事演讲形式的师德培训，不同职称之间大体没有显著性差异。

②学段差异。不同学段的教师在喜欢的师德培训形式上，有显著性差异。其差异主要表现为：小学教师喜欢故事演讲式师德培训，比例显著高于初中、高中教师。

③是否班主任的差异。班主任教师与非班主任教师均最喜欢案例式教学师德培训形式，但班主任教师在案例式教学形式上，比例显著高于非班主任教师。

从上述研究结果上看，在师德培训形式方面，各类教师均较喜欢案例式教学形式。这是因为对于一线教师而言，他们在教育教学工作中所遇到的伦理事件都是鲜活的、具体的、情景式的，而不是死板的、抽象的、律令式的。所以，他们更喜欢与自己教育教学工作联系紧密的案例式教学师德培训形式。

2.北京市中小学师德评价的基本情况

《意见》中强调："严格考核评价，落实师德第一标准。将师德考核摆在教师考核的首要位置，坚持多主体多元评价，以事实为依据，定性与定量相结合，提高评价的科学性和实效性，全面客观评价教师的师德表现。发挥师德考核对教师行为的约束和提醒作用，及时将考核发现的问题向教师反馈，并采取针对性举措帮助教师提高认识、加强整改。"根据《意见》精神，本报告从当前北京市中小学的师德评价主体、师德评价依据、教师对师德评价效果的反馈三个方面，考察师德评价的基本情况。

（1）北京市中小学师德评价主体

研究发现（见表14），北京市中小学师德评价的主体，以学校行政管理人员对教师的师德评价为主（65.28%），其次是学校教师间的相互评价（57.18%）；再次是学生对教师的师德评价（51.52%）。师德评价主体中，教师自评（教师本人对自己的师德水平评价）的比例不大，占47.04%。

表14　北京市中小学教师师德评价主体

单位：%

排序	师德评价主体	人数	百分比
1	学校行政管理人员对教师的师德评价	11468	65.28
2	学校教师间的相互评价	10046	57.18
3	学生对教师的师德评价	9051	51.52
4	教师自评（教师本人对自己的师德水平评价）	8264	47.04
5	校长对教师的师德评价	7610	43.32
6	匿名人员对教师的评价	1060	6.03
7	其他	92	0.52

（2）北京市中小学师德评价指标

研究发现（见表15），当前北京市中小学师德评价指标多以学校制定的师德评价量化指标为主，占70.51%；其次是以教师日常工作表现为指标，占68.01%。但是仍有36.34%的教师认为，当前师德评价指标是教师所教学生的学业成绩。

表15　北京市中小学师德评价指标

单位：人，%

排序	师德评价依据	人数	百分比
1	学校制定的师德评价量化指标	12387	70.51
2	教师日常工作表现	11948	68.01
3	教师所教学生的学业成绩	6384	36.34
4	教师的人缘	2184	12.43
5	教师和领导的关系	1644	9.36
6	不知道	1412	8.04
7	其他	77	0.44

（3）北京市中小学教师对师德评价及其作用的看法及差异检验

研究发现（见表16），有53.9%的教师认为，当前的师德评价"能够体现师德的真实情况"；有59.0%的教师认为，当前的师德评价"能够督促教师改进自己的行为"；但是，有 24.2% 的教师认为，当前师德评价"缺少科学评价依据，不能反映师德真实情况"；有 15.8% 的教师认为，当前师德评价"对教师思想的提升和改进没有什么作用"。

表 16　北京市中小学教师对师德评价的看法

单位：人，%

排序	师德评价依据	人数	百分比
1	缺少科学评价依据，不能反映师德真实情况	3855	24.2
2	能够体现师德的真实情况	8580	53.9
3	能够督促教师改进自己的行为	9397	59.0
4	对教师思想的提升和改进没什么作用	2517	15.8

通过卡方检验进一步分析，发现不同教师群体对师德评价的看法有一定的差异，职称低、教龄短、小学学段的教师对师德评价的认可度，高于职称高、教龄长、初高中学段教师（见表 17），主要体现在如几个方面。

①职称差异。从整体来看，相比于其他职称教师来说，高级职称教师对师德评价的看法较显消极。未评级教师对师德评价的看法较为积极。未评级教师与高级教师在对师德评价的看法上有显著性差异。具体来看，73.0% 的未评级教师认为，师德评价"能够督促教师改进自己的行为"，而只有 55.0% 的高级教师认同这一点。62.8% 的未评级教师认为，师德评价"能够体现师德的真实情况"，而只有 51.3% 的高级教师认同这一点。

②学段差异。整体来看，相对于初中、高中教师，小学教师对师德评价的看法较为积极。例如，认为师德评价"能够督促教师改进自己的行为""能够体现师德的真实情况"方面，小学教师的比例显著高于初中、高中教师。而认为师德评价"缺少科学评价依据，不能反映师德真实情况""对教师思想的提升和改进没什么作用"方面，初中、高中教师的比例显著高于小学教师。

③教龄段差异。整体来看，教龄较短的教师（5 年及以下教龄段教师）对师德评价的看法较为积极，显著高于教龄较长的教师（21 年及以上教龄

段教师）。具体来看，在选择"能够督促教师改进自己的行为""能够体现师德的真实情况"方面，5年及以下教龄段教师高于其他教龄段教师，其中尤其显著高于21年及以上教龄段教师。

表17　不同教师群体对师德评价的态度

单位：%

类别		师德评价的作用			
		缺少科学评价依据，不能反映师德真实情况	能够体现师德的真实情况	能够督促教师改进自己的行为	对教师思想的提升和改进没什么作用
职称	未评级	16.2	62.8	73.0	11.5
	初级	22.4	55.1	63.0	14.7
	中级	25.4	53.3	56.6	17.4
	高级	26.1	51.3	55.0	15.4
卡方值		49.16***	38.62***	135.83***	28.53***
学段	小学	21.4	57.8	62.7	15.0
	初中	29.1	49.0	54.1	17.2
	高中	25.3	48.5	54.6	16.3
卡方值		97.72***	123.54***	112.24***	11.48*
教龄段	3年以下	18.8	61.2	71.5	11.0
	3~5年	21.3	56.3	64.8	13.3
	6~10年	21.8	54.5	62.8	15.7
	11~15年	27.0	53.1	59.1	17.6
	16~20年	26.5	53.2	55.4	16.7
	21~25年	25.7	51.2	54.3	17.2
	26~30年	25.8	52.3	55.2	16.4
	30年以上	24.7	52.7	55.3	16.3
卡方值		57.0***	45.51***	186.08***	41.36***

注：* 表示 $p < 0.05$，*** 表示 $p < 0.001$。

（三）北京市中小学教师对师德政策的认知情况

2019年，教育部等七部门联合印发了《关于加强和改进新时代师德师风建设的意见》。该《意见》中指出："突出规则立德，强化教师的法治和

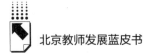

纪律教育。以学习《中华人民共和国教师法》、新时代教师职业行为十项准则系列文件等为重点，提高全体教师的法治素养、规则意识，提升依法执教、规范执教能力。"

按照《意见》要求，研究选取 10 份了国家及北京市出台的具有代表性的师德文件（见表 18）作为题目，来考察中小学教师对师德政策的认知度。研究使用 5 分量表法，对政策认知度越高，分值越高（赋值分为 1~5 分）。通过 SPSS 统计软件对 15925 位教师的答题情况进行统计分析，了解北京市中小学教师对现行的师德规则、准则等政策要求的认识情况及差异检验。

表 18 国家及北京市出台并实施的师德政策文件

序号	文件名
1	《新时代中小学教师职业行为十项准则》
2	《中小学教师违反职业道德行为处理办法》
3	《教育部师德十条禁令》
4	《严禁教师违规收受学生及家长礼品礼金等行为的规定》
5	《严禁中小学校和在职中小学校教师有偿补课的规定》
6	《中小学教育惩戒规则(试行)》
7	《关于加强和改进新时代师德师风建设的意见》
8	《新时代北京市中小学教师职业行为十项准则》
9	《北京市中小学教师师德考核办法》
10	《北京市中小学教师违反职业道德行为处理办法》

1. 北京市中小学教师对师德政策的认知情况

将对 10 份政策文件的认知度评分进行加总平均，能反映整体情况。研究发现（见表 19）：北京市中小学教师在对师德政策学习和认知度上的平均值为 4.54 分。具体来看：第一，北京市中小学教师对《严禁中小学校和在职中小学校教师有偿补课的规定》的认知度最高（4.65 分）；第二是《严禁教师违规收受学生及家长礼品礼金等行为的规定》（4.62 分）；第三是教育部等七部门印发《关于加强和改进新时代师德师风建设的意见》（4.55

分)。居于倒数三位的文件是《新时代中小学教师职业行为十项准则》（4.43 分），《中小学教师违反职业道德行为处理办法》（4.48 分）；《教育部师德十条禁令》（4.50 分）。

表 19　北京市中小学教师对师德政策认知度平均得分

排序	政策名称	平均得分	标准差
1	《严禁中小学校和在职中小学校教师有偿补课的规定》	4.65	0.57
2	《严禁教师违规收受学生及家长礼品礼金等行为的规定》	4.62	0.60
3	《关于加强和改进新时代师德师风建设的意见》	4.55	0.67
4	《中小学教育惩戒规则(试行)》	4.54	0.68
5	《新时代北京市中小学教师职业行为十项准则》	4.53	0.68
6	《北京市中小学教师师德考核办法》	4.53	0.68
7	《北京市中小学教师违反职业道德行为处理办法》	4.53	0.69
8	《教育部师德十条禁令》	4.50	0.71
9	《中小学教师违反职业道德行为处理办法》	4.48	0.71
10	《新时代中小学教师职业行为十项准则》	4.43	0.77

2. 北京市中小学教师对师德政策认知度的差异分析

通过单因素方差进一步分析，发现不同教师群体对师德政策的认知度有一定差异（见表 20），主要体现在如下几个方面。

（1）职称差异

总体来看，初级职称教师对政策的认知度最高，显著高于其他职称教师。具体来看，首先是初级职称教师得分最高（4.57 分），其次是中级职称教师（4.54 分），最后是未评级教师与高级职称教师（均为 4.50 分）。

（2）学段差异

通过多重比较分析，研究发现：首先，小学学段的教师对师德政策的认知程度显著高于初中、高中学段教师；其次，初中学段教师对师德政策的认知度显著低于小学学段教师，但又显著高于高中学段教师；最后，高中学段教师对师德政策的认知度显著低于小学与初中学段的教师。总体来看，从小学到高中，教师对师德政策的认知度呈现明显的下降趋势。

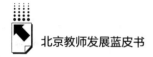

（3）学历差异

研究发现，具有不同学历的教师对师德政策的认知度有显著性差异。本科学历教师对政策的认知度显著高于研究生学历教师。从平均值得分情况看，首先，具有本科学历的教师对师德政策的认知度最高（4.56分），其次是具有专科学历的教师（4.50分），最后是具有研究生学历的教师（4.45分）。

（4）教龄段差异

研究发现，不同教龄段教师对师德政策认知度有显著差异。3~5年教龄段的教师对师德政策的认知度最高（4.58分）；教龄段16~20年的教师对政策认知度最低（4.48分）。不同教龄段的教师对师德政策的认知度从"3年以下"到"3~5年"具有明显的提高；从教龄段"6~10年"到"16~20年"有明显的下降，从"21~25年"到"30年以上"又有明显的提高。

（5）是否班主任的差异

通过独立样本T检验发现，班主任对师德政策的认知显著高于非班主任。

表20 北京市中小学各类别教师对师德政策认知度方面的差异

类别		师德政策平均分	类别		师德政策平均分
职称	初级	4.57	教龄段	3~5年	4.58
	中级	4.54		6~10年	4.56
	高级	4.50		30年以上	4.56
	未评级	4.50		11~15年	4.56
卡方值		8.28***		26~30年	4.53
学段	小学	4.62		3年以下	4.52
	初中	4.45		21~25年	4.50
	高中	4.39		16~20年	4.48
卡方值		152.84***	卡方值		6.4***
学历	本科	4.56	班主任	是	4.59
	专科	4.50		否	4.50
	研究生	4.45	卡方值		87.39***
卡方值		35.42***			

注：*** 表示 $p<0.001$。

四 研究建议

（一）实现师德培训常态化，确保全员教师保质保量参与师德培训

研究发现，教师参与师德培训的频次越多，对师德政策的认知度就越高，在师德水平上的平均得分就越高。例如，研究结果显示，小学学段教师、班主任教师参与培训频次较其他同类别教师多，他们对师德政策的认知度就越高，在师德水平上的平均得分就越高。

建议进一步保障师德培训频次，建立健全师德培训常态化机制。市、区、校三级做好统筹规划，保质保量完成对各级各类教师至少每学年一次的师德专项培训。

（二）进一步优化师德培训内容和方式，发挥师德培训的实效性

研究发现，当前北京市中小学教师在师德培训内容的选择上较为丰富。然而值得注意的是，在教师希望学习的师德知识中，"心理健康知识"排第一位（74.40%），"师德规范的案例式解读"排第二位（62.33%）。但是，在实际的师德培训中，"心理健康知识"与"师德政策文件（含规范、准则）内容解读"排在倒数第一与第二位。同时，根据北京市颁布的《北京市"十四五"时期教育改革和发展规划（2021—2025年）》指出：在全面提高教师思想政治素质和师德水平方面，要"加强教师职业理想、职业道德、法治和心理健康教育。将大中小幼教师职业行为十项准则纳入教师培训内容"。

建议充分考虑培训对象的需求和政策文件要求，设计更加科学、合理的师德培训内容。具体建议：将中小学教师职业行为十项准则、心理健康教育作为基础性、必修性师德培训课程，并根据课程内容的特点选择科学、合理的培训方式，发挥师德培训的实效性。例如，对于《新时代中小学教师职业行为十项准则》的内容，可以通过案例式解读的培训方式，即以更加直

观的方式，让中小学教师明确专业人员在职业活动中应该做什么、不能做什么，以及如何处理教育教学工作中的各种伦理关系。

（三）以师德规范为基本依据，采用量化和质性方法开展师德评价

师德规范先在地规定了各级各类教师在教育教学工作中应该做什么，以及不应该做什么。而这种先在的规定应成为师德评价的基本依据。师德规范在各维度中不仅要有原则性、价值性的评价点，还要有具体的、可操作、可评价的评价题目。例如，"公平对待学生"是一条师德规范，但同时它也是一个具体的评价点，我们需要在此评价点下开发出具体的评价题目。值得注意的是，既然师德评价体系有不同的评价点和具体的评价题目，这就说明可以使用量化的方法对教师行为进行事实判断，此在一定程度上能够避免只对师德进行价值评价，但是，量化方法不能成为单一的师德评价方法。作为具体规范内容的评价指标（评价题目），也不能穷尽所有的义务条目，中小学教师只能发挥主观能动性将规范性知识与鲜活的教育教学实践相结合，并在实践中进一步充实对规范性知识的认识。在此过程中，中小学教师如何领会规范性知识的内涵，如何看待具体行为的道德意义等问题，则需要借助质性方法去探寻。所以，师德评价需要运用质与量相结合的方法，有理有据、因时因地给予中小学教师公正公平的道德评价。

B.3
教师专业发展水平报告

赖德信　李一飞*

摘　要： 依据中小学教师专业标准，编制中小学教师专业发展水平问卷，对北京市9个区中小学教师进行问卷调查，收集有效问卷15925份。研究发现，从教师专业发展水平来看，北京市中小学教师对专业发展的评分总体上处于较高水平，在"专业精神"、"专业理念"、"专业知识"、"专业能力"和"专业自主发展"5个维度上的评分均较高，"专业知识"维度上评分较低；不同性别、教龄段、学历、职称、学段、学校位置（城乡）、学科的教师，在专业发展水平上存在显著性差异。从教师专业培训来看，中小学教师认为专业培训较多，而针对跨文化教学、特殊需求学生教学、跨学科教学的培训则较少；中小学教师在有效专业特征上选择"聚焦于我所教授的学科所需内容"的最多，选择"提供了后续活动"和"持续时间较长（如几周或更长）"的最少；中小学教师认为，阻碍专业培训的主要因素是工学矛盾、缺乏机会、缺乏经费、家庭困难、缺乏资格、缺乏支持、缺乏动机等；不同学段、学校位置（城乡）的教师，在专业培训内容、有效专业培训特征、阻碍专业培训因素上存在显著性差异。基于此，本报告提出建议：激化自主发展意识，引领教师专业发展；优化专业知识结构，促进教师专业发展；加强培训的顶层设计，保障教师专业发展。

---

* 赖德信，北京教育科学研究院教师研究中心副研究员；李一飞，北京教育科学研究院教师研究中心助理研究员。

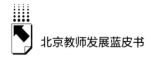
关键词： 教师专业发展　教师专业培训　教师队伍建设　中小学教师
北京市

一　研究背景

为了提升教师的专业发展水平，促进教师队伍的高质量发展，教育部于
2012 年 2 月，颁布了《幼儿园教师专业标准（试行）》《小学教师专业标
准（试行）》《中学教师专业标准（试行）》3 个群体教师的专业发展标准
文件。① 专业标准提出以"学生为本、师德为先、能力为重和终身学习"为
基本理念，并从"专业理念与精神"、"专业知识"和"专业能力"3 个维
度，分别对教师提出了不同的具体要求。在专业发展过程中，教师要以专业
标准为基本准则，教育教学基本行为要符合专业标准规范。只有符合了专业
标准规范要求的教师，才能算是一名合格的教师。

专业标准是教师专业发展的行动指南，为教师开展专业活动指明了方
向，同时，也为教师的专业发展提出了更高要求。因此，当前至今后一段时
间内的一个重要任务就是促进教师专业发展，不断提升教师专业发展水平，
建设一支高素质专业化的教师队伍，以应对教育改革提出的要求和挑战。自
专业标准颁发至今已经 10 年，那么，当前北京市中小学教师队伍专业发展
水平如何？加强对北京市中小学教师队伍专业发展水平监测，了解北京市中
小学教师目前专业发展所取得的效果以及存在的问题，为北京市中小学制订
教师培养与培训计划提供有价值的参考，为北京市中小学教师的进一步发展
提出对策。②

---

① 中华人民共和国教育部：《教育部关于印发〈幼儿园教师专业标准（试行）〉、〈小学教师
专业标准（试行）〉和〈中学教师专业标准（试行）〉的通知》（教师〔2012〕1 号），
见 http://www.gov.cn/zwgk/2012-09/14/content_ 2224534.htm，最后访问日期：2022 年 7
月 23 日。
② 本研究开展时间为 2021 年 5~10 月。

二　研究框架

本报告以我国出台的《中小学教师专业标准（试行）》（2012）为指导，以"中小学教师专业发展水平"为评价目标，对"中小学教师质量"概念进行界定的基础上，不仅初步构建北京市中小学教师专业发展水平的要素，而且还为此构建了北京市中小学教师专业发展水平监测指标体系：一级指标共计 5 项，二级指标共计 16 项（见表 1）。其中，一级指标包括"专业精神"、"专业理念"、"专业知识"、"专业能力"以及"专业自主发展"。

"专业精神"是指教师从业者开展教育教学工作的专业性、理性、情感与能力高度统一的人格状态，是教师从业者生存发展的特有品质和境界，是教师对教育信念、理想不懈追求过程中表现出来的风范与活力，是教师内在素养在教育教学活动中合理有效外化的展现与结晶，是教师提升自己的专业能力、改善专业形象与地位，提高教育教学效果和质量的主体力量。[①]"专业精神"主要包括"行为规范"和"个人修养"2 个二级维度。

"专业理念"是指教师在对教育工作本质理解的基础上形成的关于教育的观念和理性信念。[②]"专业理念"直接影响到教师的教育观、学生观，同时还影响教师对专业认同、教育教学行为以及教师的自我发展。"专业理念"主要包括"专业认同"、"专业态度"、"育人观"和"学生观"4 个二级维度。

"专业知识"是指教师需要具备的从事教育教学工作的专门知识。舒尔曼于 1987 年提出的 PCK 概念，引发了人们对教师知识研究的极大兴趣，使得越来越多的研究者开始涉及这一领域。以舒尔曼提出的教学七大类知识作为基础，很多学者在不同的领域以不同的方法对 PCK 进行了

[①] 王立林：《试论教师的专业精神》，《河南职业技术师范学院学报》（职业教育版）2008 年第 6 期。

[②] 叶澜：《新世纪教师专业素养初探》，《教育研究与实验》1998 年第 1 期。

深入的研究。①"专业知识"包括了"教育知识"、"学科知识"、"学科教学知识"和"通识性知识"4 个二级维度。

"专业能力"是指作为专业技术人员的教师，在从事教育教学活动中能利用教育理性和教育经验，灵活地应对教育情景，做出敏捷的教育行为反应，以促使学生能全面、主动、活泼发展所必需的教育技能。② 教师的"专业能力"包含"教学能力"、"育人能力"和"通用能力"3 个二级维度。

"专业自主发展"是一种非常自我的事，它需要教师的主动出击：自我设计、自主发展、自我反思、自我更新等，即认可教师是自身专业发展的主人。③ 教师的"专业自主发展"不仅包括教师在从事教育教学工作时，依其专业智识独立抉择，不受他人干扰、影响和控制，还包括教师能够在外在的压力下，独自制订适合自己专业发展的目标、计划，选择自己需要的学习内容，有意愿和能力将制定的目标和计划付诸实施。④ "专业自主发展"包括"自主规划"、"自主学习"和"反思成长"3 个二级维度。

表 1 北京市中小学教师专业发展水平监测指标

一级指标	二级指标	指标内容描述
专业精神	行为规范	教育法律法规
	个人修养	语言、着装、耐心和情绪调节
专业理念	专业认同	认识到教师工作的专业性和独特性
	专业态度	关注自身素养、钻研业务
	育人观	以人为本，促进学生全面可持续发展
	学生观	关注学生生命安全，尊重、公平对待学生

---

① 冯苗、曲铁华：《从 PCK 到 PCKg：教师专业发展的新转向》，《外国教育研究》2006 年第 12 期。
② 郝林晓、折延东：《教师专业能力结构及其成长模式探析》，《教育理论与实践》2004 年第 14 期。
③ 胡惠闵：《校本管理》，四川出版集团·四川教育出版社，2005。
④ 郭元捷、鲍传友：《实现教师专业自主发展的路径探讨》，《中国教育学刊》2006 年第 12 期。

续表

一级指标	二级指标	指标内容描述
专业知识	教育知识	教育学知识、心理学知识
	学科知识	本学科知识、跨学科知识
	学科教学知识	课程、课堂教学方法以及教学评价等方面知识
	通识性知识	科学、艺术欣赏、信息技术以及外语等方面的知识
专业能力	教学能力	课堂教学设计能力和课堂教学实施能力
	育人能力	班级活动内容设计、班级管理建设能力和学生心理教育能力
	通用能力	语言表达能力、沟通合作能力、技术手段应用能力、应急处理能力、评价能力和教学研究能力
专业自主发展	自主规划	发展动机、制定规划
	自主学习	学习计划、行动策略
	反思成长	反思意识、反思更新

三 研究设计

（一）研究问题

本报告主要关注如下两个方面。

其一，北京市中小学教师专业发展水平的总体情况及差异检验：

①教师专业发展水平总体情况；

②教师专业发展水平性别差异检验；

③教师专业发展水平教龄段差异检验；

④教师专业发展水平学历差异检验；

⑤教师专业发展水平职称差异检验；

⑥教师专业发展水平学段差异检验；

⑦教师专业发展水平城乡差异检验；

⑧教师专业发展水平学科差异检验。

其二，北京市中小学教师专业培训的总体情况及差异检验：

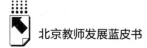

①教师专业培训内容的总体情况分析及差异检验；

②教师有效专业培训特征的总体情况及差异检验；

③教师专业培训阻碍因素的总体情况及差异检验。

（二）研究对象

本报告采用分层抽样方法，对北京市 9 个区的中小学教师进行问卷调查，以问卷星方式发放问卷，共回收有效问卷 15925 份。对被试样本的人口学特征的描述性统计见分报告 B.2 中的表 1。本问卷从"专业精神"、"专业理念"、"专业知识"、"专业能力"和"专业自主发展"5 个维度，调查了北京市中小学教师的专业发展水平情况及其相关培训的基本情况。

（三）研究工具

本报告使用自编问卷对北京市中小学教师的专业发展水平和培训的基本情况进行评估。该问卷采用李克特 5 点计分法评定，即"非常不符合"、"比较不符合"、"一般"、"比较符合"和"非常符合"5 个等级，并分别赋值 1~5 分，符合程度越高，则分值越高。北京市中小学教师的专业发展水平问卷，共包含 5 个维度，共计 65 个项目。维度 1 为"专业精神"，包括 7 个项目，反映教师的职业行为规范和个人修养；维度 2 为"专业理念"，包括 10 个项目，反映中小学教师的专业认同、专业态度、育人观、学生观等；维度 3 为"专业知识"，包括 18 个项目，反映教师的教育学知识、心理学知识、本学科知识、跨学科知识、课程知识、课堂教学方法与策略知识、教学评价知识、国情知识、科学知识、艺术欣赏知识、信息技术与外语知识。维度 4 为"专业能力"，包括 24 个项目，反映教师的课堂教学设计能力、课堂教学实施能力、班级活动设计能力、班级管理建设能力、学生心理教育能力、语言表达能力、沟通合作能力、技术手段应用能力、应急处理能力、评价能力和数学研究能力。维度 5 为"专业自主发展"，包括 6 个项目，反映教师自主发展的愿望，包括发展动机、制定规划、学习计划、行动策略、反思意识、反思更新等。对问卷进行信度检验发现，该问卷整体的 Cronbach's α 系数为 0.92，各维度的 Cronbach's α 系数为 0.973~0.987，这说明该问卷信度较好；对问卷进行效度检验发现，取样适当性量数（Kaiser-Meyer-Olkin，KMO）系数为 0.990，非常接近 1，同时，巴特利特（Bartlett）球形检验的显著性小于 0.001，这说明该问卷结构效度非常好。

四　研究结果

（一）专业发展水平的总体情况及差异检验

1. 专业发展水平总体情况

本报告从北京市中小学教师专业发展的 5 个维度，即"专业精神"、"专业理念"、"专业知识"、"专业能力"和"专业自主发展"，分别对不同性别、教龄段、学历、职称、学段、学科、城乡学校的中小学教师专业发展的情况进行比较分析，统计结果见表 2。

从表 2 可以看出，北京市中小学教师专业发展总体水平的均值为 4.62，高于 4。教师专业发展的"专业精神"、"专业理念"、"专业知识"、"专业能力"和"专业自主发展"5 个维度的平均值分别为 4.80、4.71、4.48、4.59 和 4.53。

表 2　中小学教师专业发展总体水平

维度	样本数（N）	平均值（M）	标准差（SD）
专业精神	15925	4.80	0.441
专业理念	15925	4.71	0.510
专业知识	15925	4.48	0.521
专业能力	15925	4.59	0.504
专业自主发展	15925	4.53	0.567
总体	15925	4.62	0.509

从图1可以看出，北京市中小学教师专业发展水平在"专业精神"、"专业理念"、"专业知识"、"专业能力"和"专业自主发展"5个维度上的平均值在4.48~4.80，即在比较符合与非常符合之间，这表明北京市中小学教师专业发展处在较高水平。其中，北京市中小学教师在"专业精神"维度上得分最高，平均值为4.80，接着依次是"专业理念"、"专业能力"、"专业自主发展"，最低的是"专业知识"，平均值为4.48。进一步分析可知，北京市中小学教师能够全面贯彻党的教育方针，把立德树人作为教育的根本任务放在首位。在教育教学中表现出了较强的爱岗敬业、主动负责、热诚服务的精神，具有良好的团队合作意识，为人正直善良，展示出了良好的亲和力，能够尊重同事，尊重家长；中小学教师在教育教学中尊重教育规律，关爱和尊重学生，公平、公正地对待学生，坚持以人为本；在教学中，能有意识地引导学生独立思考和主动探索，培养学生的创新意识和实践能力，积极关注学生的思想动态、心理健康以及师生关系，表现出了较强的专业能力；具有较强的自主发展需求与愿望，有意识地对自己的教育教学行为进行反思，并改进教学工作。

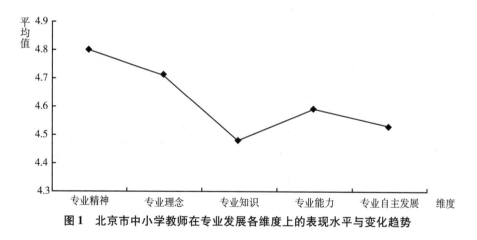

图1　北京市中小学教师在专业发展各维度上的表现水平与变化趋势

在专业发展水平5个维度中，平均值最低的维度是"专业知识"。它包含4个二级维度分别是"教育知识"、"学科知识"、"学科教学知识"以及"通识性知识"，其平均值分别为4.52、4.57、4.54和4.29，表明北京市中小学教师的专业知识水平较低。在"专业知识"维度构成中，"通识性知识"方面的平均值最低，主要表现在北京市中小学教师在人文科学、自然科学和社会科学方面知识储备不够广博，掌握的现代信息技术知识较为薄弱，国际视野不高，缺乏一定的艺术欣赏、审美等方面的知识。

2. 专业发展水平差异检验

（1）专业发展水平性别差异检验

为了探寻中小学教师专业发展水平的性别差异，本报告分别对男性教师与女性教师在专业发展5个维度上进行独立样本T检验，结果见表3。

统计结果表明，从总体上看，北京市中小学不同性别的教师在专业发展水平上存在显著性差异（P＝0.000，P<0.001）。从不同维度看，在"专业精神"（P＝0.000，P<0.001）、"专业理念"（P＝0.000，P<0.001）、"专业能力"（P＝0.000，P<0.001）和"专业自主发展"（P＝0.002，P<0.01）维度上，其专业发展水平也存在显著性差异，而在"专业知识"（P＝0.167，P>0.05）维度上，则不存在显著性差异。

表3　北京市中小学教师专业发展水平的性别差异

	男	女	T值	P
专业精神	4.73 (0.51)	4.82 (0.42)	−8.242	0.000
专业理念	4.63 (0.58)	4.72 (0.49)	−7.962	0.000
专业知识	4.47 (0.55)	4.48 (0.52)	−1.382	0.167
专业能力	4.54 (0.55)	4.60 (0.49)	−5.883	0.000
专业自主发展	4.50 (0.59)	4.53 (0.56)	−3.059	0.002
总体	4.57 (0.49)	4.63 (0.43)	−5.922	0.000

注：括号内数据为标准差，下同。

从图 2 可以看出，男性教师专业发展的平均值在 4.47~4.73，各维度上表现的水平从高到低依次为："专业精神"、"专业理念"、"专业能力"、"专业自主发展"和"专业知识"。女性教师专业发展的平均值在 4.48~4.82，各维度上表现的水平从高到低依次为："专业精神"、"专业理念"、"专业能力"、"专业自主发展"和"专业知识"。女性教师在专业发展 5 个维度上的平均值均高于男性教师，在"专业知识"维度上，男女教师的平均值基本相同。总体来说，女性教师专业发展的平均值高于男性教师。

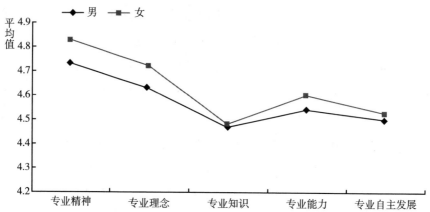

图 2　北京市中小学不同性别教师在专业发展各维度上的表现水平与变化趋势

（2）专业发展水平教龄段差异检验

为了探寻北京市中小学教师专业发展水平的教龄段差异，本报告分别调查了"3 年以下"、"3~5 年"、"6~10 年"、"11~15 年"、"16~20 年"、"21~25 年"、"26~30 年"以及"30 年以上"教龄段的教师，并对不同年龄段教师在专业发展 5 个维度上进行独立样本 T 检验，结果见表 4。

统计结果显示，从总体来看，北京市中小学不同教龄段的教师在专业发展水平上存在显著性差异（$P = 0.013$，$P < 0.05$）。从不同维度看，在"专业精神"（$P = 0.000$，$P < 0.001$）、"专业理念"（$P = 0.004$，$P < 0.01$）、"专业能力"（$P = 0.000$，$P < 0.001$）、"专业自主发展"（$P = 0.000$，$P < 0.001$）上，其专业发展水平也存在显著性差异，但是，"专业知识"（$P = 0.570$，$P > 0.05$）不存在显著性差异。

表 4　北京市中小学教师专业发展水平的教龄段差异

	3年以下	3~5年	6~10年	11~15年	16~20年	21~25年	26~30年	30年以上	F值	P
专业精神	4.75 (0.46)	4.78 (0.45)	4.80 (0.44)	4.80 (0.46)	4.78 (0.48)	4.83 (0.41)	4.82 (0.44)	4.84 (0.41)	8.073	0.000
专业理念	4.66 (0.49)	4.70 (0.49)	4.70 (0.52)	4.70 (0.54)	4.69 (0.53)	4.72 (0.51)	4.72 (0.50)	4.73 (0.49)	3.001	0.004
专业知识	4.48 (0.51)	4.50 (0.52)	4.50 (0.53)	4.49 (0.53)	4.46 (0.54)	4.47 (0.51)	4.46 (0.54)	4.50 (0.50)	1.953	0.570
专业能力	4.54 (0.50)	4.58 (0.50)	4.59 (0.51)	4.59 (0.51)	4.58 (0.52)	4.60 (0.50)	4.60 (0.50)	4.63 (0.49)	3.756	0.000
专业自主发展	4.56 (0.53)	4.57 (0.54)	4.55 (0.55)	4.55 (0.56)	4.51 (0.58)	4.50 (0.58)	4.49 (0.59)	4.51 (0.58)	6.152	0.000
总体	4.60 (0.44)	4.63 (0.45)	4.63 (0.44)	4.62 (0.45)	4.61 (0.47)	4.62 (0.43)	4.62 (0.45)	4.64 (0.42)	3.703	0.013

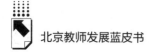

从图 3 可以看出，"3 年以下"教龄段教师的专业发展平均值在 4.48~4.75，各维度上的表现水平从高到低依次为："专业精神"、"专业理念"、"专业自主发展"、"专业能力"和"专业知识"。"3~5 年"教龄段教师的专业发展平均值在 4.50~4.78，从高到低依次为："专业精神"、"专业理念"、"专业能力"、"专业自主发展"和"专业知识"。"6~10 年"教龄段教师的专业发展平均值在 4.50~4.80，从高到低依次为："专业精神"、"专业理念"、"专业能力"、"专业自主发展"和"专业知识"。"11~15 年"教龄段教师的专业发展平均值在 4.49~4.80，从高到低依次为："专业精神"、"专业理念"、"专业能力"、"专业自主发展"和"专业知识"。"16~20 年"教龄段教师的专业发展平均值在 4.46~4.78，从高到低依次为："专业精神"、"专业理念"、"专业能力"、"专业自主发展"和"专业知识"。"21~25 年"教龄段教师的专业发展平均值在 4.47~4.83 之间，从高到低依次为："专业精神"、"专业理念"、"专业能力"、"专业自主发展"和"专业知识"。"26~30 年"教龄段教师的专业发展平均值在 4.46~4.82，从高到低依次为："专业精神"、"专业理念"、"专业能力"、"专业自主发展"和"专业知识"。"30 年以上"教龄段教师的专业发展平均值在 4.50~4.84，从高到低依次为："专业精神"、"专业理念"、"专业能力"、"专业

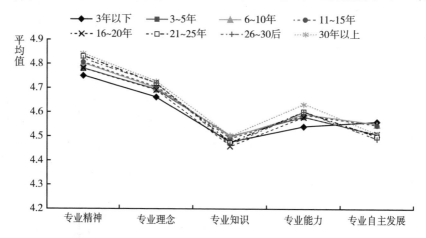

图 3 北京市中小学不同教龄段教师在专业发展各维度上的表现水平与变化趋势

自主发展"和"专业知识"。由此可见，"3~5年"至"30年以上"教龄段的北京市中小学教师在各维度上的表现水平之变化趋势基本一致，"专业精神"维度上的平均值最高，"专业知识"维度上的平均值最低，"专业理念"、"专业能力"和"专业自主发展"3个维度的平均值居中。

不同教龄段的北京市中小学教师在"专业精神"、"专业理念"、"专业能力"和"专业自主发展"维度上存在显著性差异。以下做具体说明。

在"专业精神"方面，"30年以上"教龄段教师均值最高，为4.84；"3年以下"教龄段教师均值最低，为4.75；不同教龄段教师在"专业精神"方面的表现水平从高到低依次为："30年以上"教龄段教师、"21~25年"教龄段教师、"26~30年"教龄段教师、"11~15年"教龄段教师和"6~10年"教龄段教师、"16~20年"教龄段教师和"3~5年"教龄段教师、"3年以下"教龄段教师。数据表明，总体上，教龄与教师"专业精神"的表现水平呈现正相关关系，即随着教龄增加，教师的"专业精神"表现水平越高。这是因为随着任教时间的增长，中小学教师对教育实践的认识不断增强，将党和国家的教育方针、政策内化于教育教学实践，将爱岗敬业精神融入日常行为之中，从而表现了更高的专业精神素养。

在"专业理念"方面，"30年以上"教龄段教师均值最高，为4.73；"3年以下"教龄段教师均值最低，为4.66；不同教龄段教师在"专业理念"方面的表现水平从高到低依次为："30年以上"教龄段教师、"26~30年"教龄段教师和"21~25年"教龄段教师、"11~15年"教龄段教师和"6~10年"教龄段教师及"3~5年"教龄段教师、"16~20年"教龄段教师、"3年以下"教龄段教师。数据表明，总体上，教龄与教师"专业理念"的表现水平呈现正相关关系，即随着教龄增长，教师的"专业理念"表现水平越高。这主要原因在于，随着任教时间越长，中小学教师获得更丰富的教学经验，逐渐养成了良好的教育观、学生观和课程观。

在"专业能力"方面，"30年以上"教龄段教师均值最高，为4.63；"3年以下"教龄段教师均值最低，为4.54；不同教龄段教师在"专业能力"方面的表现水平从高到低依次为："30年以上"教龄段教师、"26~30

年"教龄段教师和"21～25年"教龄段教师、"11～15年"教龄段教师和"6～10年"教龄段教师、"3～5年"教龄段教师和"16～20年"教龄段教师、"3年以下"教龄段教师。数据表明，总体上，教龄与教师"专业能力"表现水平也呈现正相关关系，即随着教龄增长，教师的"专业能力"水平也在不断提升。这主要得益于，随着任教时间增长，中小学教师获得更宝贵的人生阅历和丰富的教学经验，对社会、教育、学生和课堂都有着更为深刻的认知，同时，在教学上也逐渐形成了自己独特的教学风格和育人模式。因此，伴随着教龄的增长，中小学教师的"专业能力"也得到了提升。

在"专业自主发展"方面，"3～5年"教龄段教师均值最高，为4.57；"26～30年"教龄段教师均值最低，为4.49；不同教龄段教师在"专业自主发展"方面的表现水平从高到低依次为："3～5年"教龄段教师、"3年以下"教龄段教师、"6～10年"教龄段教师和"11～15年"教龄段教师、"16～20年"教龄段教师和"30年以上"教龄段教师、"21～25年"教龄段教师、"26～30年"教龄段教师。数据表明，总体上，教龄与教师"专业自主发展"表现水平呈现负相关关系，即随着教龄增长，教师的"专业自主发展"水平不断降低。主要原因在于，刚入职的年轻教师具有较强的反思力，经常反思教学上的不足，不断改善教育教学行为，同时，教龄短的年轻教师也更具有专业成长动机和需求，从而体现出了更强的专业自主发展规划意识。相反，教龄越长的老教师具有更丰富的教学经验，仅凭已有的经验就能完成日常教学工作任务，在专业成长道路上往往会停滞不前，同时，教龄长的老教师在职业发展通道上越来越窄，这抑制了他们对更长远职业规划的追求。因此，随着教龄增长，中小学教师的专业自主发展规划意愿逐渐减弱。

总体上看，随着教龄增加，北京市中小学教师在"专业精神""专业理念""专业能力"的表现水平越高，但是"16～20年"教龄段教师的各维度均值在整个教龄段处于"中间塌陷"状态，其原因在于"16～20年"教龄段教师逐步进入教师专业发展的倦怠期，其工作热情和兴趣也逐渐减退，缺乏发展动力。因此，"16～20年"教龄段教师比前后教龄段教师在"专业精神"、"专业理念"和"专业能力"方面的表现水平都要低。

（3）专业发展水平学历差异检验

为了探寻北京市中小学教师专业发展水平的学历差异，本报告分别调查了大专及以下学历教师、本科学历教师和硕士及以上学历教师。本部分将对不同学历教师在进行独立样本 T 检验，结果见表 5。

统计结果表明，从总体上看，北京市中小学不同学历教师在专业发展水平上存在显著性差异（P＝0.004，P<0.01）。从不同维度看，在"专业精神"（P＝0.000，P<0.001）、"专业理念"（P＝0.005，P<0.01）、"专业知识"（P＝0.021，P<0.05）、"专业能力"（P＝0.000，P<0.001）和"专业自主发展"（P＝0.000，P<0.001）维度上，其专业发展水平均存在显著性差异。

表 5　北京市中小学教师专业发展水平的学历差异

项目	大专及以下	本科	硕士及以上	F 值	P
专业精神	4.78 (0.43)	4.81 (0.43)	4.77 (0.47)	10.087	0.000
专业理念	4.65 (0.50)	4.71 (0.51)	4.68 (0.52)	5.300	0.005
专业知识	4.41 (0.54)	4.49 (0.52)	4.47 (0.53)	3.877	0.021
专业能力	4.51 (0.55)	4.60 (0.50)	4.56 (0.51)	10.453	0.000
专业自主发展	4.39 (0.63)	4.52 (0.57)	4.56 (0.55)	11.362	0.000
总体	4.55 (0.47)	4.63 (0.44)	4.61 (0.46)	5.454	0.004

从总体看，本科学历教师的专业发展平均值，高于硕士及以上学历教师的平均值；硕士及以上学历教师的专业发展平均值，高于大专及以下学历教师的平均值。从图 4 可以看出，大专及以下学历教师的专业发展平均值在4.39~4.78，本科学历教师的专业发展平均值在4.49~4.81，硕士及以上学历教师的专业发展平均值在4.47~4.77。不同维度平均值从高到低依次为：

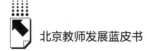

"专业精神"、"专业理念"、"专业能力"、"专业自主发展"和"专业知识"。不同学历的中小学教师在不同专业发展维度中,平均值最高的是"专业精神","专业理念"和"专业能力"的平均值居中,"专业自主发展"和"专业知识"的平均值最低。

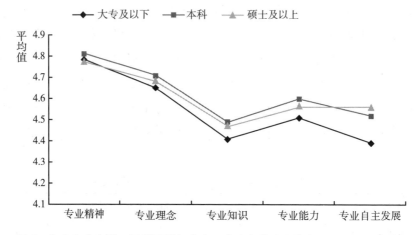

图 4 北京市中小学不同学历教师在专业发展各维度上的表现水平与变化趋势

不同学历的中小学教师在各个专业发展维度上存在显著差异,如下具体来说。

在"专业精神"和"专业理念"方面,具有大学本科学历教师的"专业精神"得分均值最高,为 4.81,硕士及以上学历教师均值最低,为 4.77;不同学历的中小学教师在"专业精神"上的表现水平从高到低依次为:本科学历教师、大专及以下学历教师和硕士及以上学历教师。由于具有硕士及以上学历教师来源于非师范专业人数的所占比例比较大,与来自师范专业的硕士及以上教师相比,非师范专业的硕士及以上教师接受传统师范类专业相关学习和培训的机会要少,因而在"专业精神"上的表现水平较低。在"专业理念"方面,具有大学本科学历教师的均值最高,为 4.71,大专及以下学历教师均值最低,为 4.65;不同学历的中小学教师在"专业理念"维度上的平均得分从高到低依次为:本科学历教师、硕士及以上学历教师和大专及以下学历教师。这由于大专及以下学历教师绝大多数毕业于中等师范学校，现在年龄较大、教龄也偏长，接受新事物和先进教育理念较慢，甚至还有抵触情绪，无法在"专业理念"上获得更多成长，因此，在"专业理念"上的表现水平较低。

在"专业知识"和"专业能力"方面，本科学历教师在"专业知识"维度上的平均值最高，为4.49，大专及以下学历教师的平均值最低，为4.41；平均值从高到低依次为：本科学历教师、硕士及以上学历教师和大专及以下学历教师；在"专业能力"方面，本科学历教师的"专业能力"平均值最高，为4.60，大专及以下学历教师平均值最低，为4.51；不同学历的中小学教师在"专业能力"的表现水平从高到低依次为：本科学历教师、硕士及以上学历教师和大专及以下学历教师。从中可以看出，不同学历的中小学教师在"专业知识"和"专业能力"两个维度上的表现水平的变动趋势一致，即平均值最高的都是本科学历教师，平均值居中的均是硕士及以上学历教师，平均值最低的都是大专及以下学历教师。因为专业知识的获得、专业能力的养成都需要一个长期的不断积累的过程，尤其是专业能力的提升，更需要中小学教师长年在教育教学中不断学习与实践。由于硕士及以上学历教师大部分属于年轻教师，从教历练时间较短，获得的实践性知识较少，养成的专业能力相对薄弱；大专及以下学历教师从教时间长虽然长，但由于学历较低，教育教学理论、学科前沿等理论素养相对欠缺。

在"专业自主发展"方面，平均值最高的是硕士及以上学历教师，为4.56，平均值最低的是大专及以下学历教师，为4.39；不同学历的中小学教师在"专业自主发展"的表现水平从高到低依次为：硕士及以上学历教师、本科学历教师和大专及以下学历教师。这源于具有硕士及以上学历教师群体中年龄处于35岁以下的居多，整体比较年轻，年轻教师具有较高的专业自主发展意愿，从而在"专业自主发展"上的表现水平较高。大专及以下学历教师群体中绝大部分属于老教师，自主发展意愿较弱，因而在"专业自主发展"上的表现水平较低。

（4）专业发展水平职称差异检验

本报告分别对不同职称教师在教师专业发展5个维度上进行独立样本T

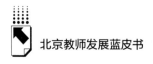

检验，结果见表6。

统计结果表明，从总体上看，不同职称中小学教师在专业发展水平上不存在显著差异（P=0.075，P>0.05）。其中，在"专业精神"（P=0.000，P<0.001）、"专业理念"（P=0.000，P<0.001）、"专业知识"（P=0.009，P<0.01）、"专业能力"（P=0.000，P<0.001）维度上均存在显著差异，在"专业自主发展"（P=0.091，P>0.05）维度上则不存在显著差异。

表6　北京市中小学教师专业发展水平的职称差异

	未评级	初级	中级	高级	F值	P
专业精神	4.74 (0.49)	4.79 (0.45)	4.81 (0.44)	4.82 (0.42)	9.868	0.000
专业理念	4.66 (0.49)	4.69 (0.52)	4.72 (0.50)	4.72 (0.50)	6.050	0.000
专业知识	4.45 (0.53)	4.50 (0.53)	4.48 (0.52)	4.46 (0.50)	3.824	0.009
专业能力	4.52 (0.52)	4.58 (0.51)	4.60 (0.50)	4.60 (0.48)	7.370	0.000
专业自主发展	4.55 (0.54)	4.55 (0.56)	4.52 (0.58)	4.51 (0.57)	3.281	0.091
总体	4.58 (0.45)	4.62 (0.45)	4.63 (0.44)	4.62 (0.43)	2.303	0.075

从图5可以看出，未评级教师的专业发展平均值在4.45~4.74，初级职称教师的专业发展平均值在4.50~4.79，中级职称教师的专业发展平均值在4.48~4.81，高级职称教师的专业发展平均值在4.46~4.82，不同职称教师在各维度上表现水平的变化趋势基本一致，从高到低依次为："专业精神"、"专业理念"、"专业能力"、"专业自主发展"和"专业知识"。总体来看，"专业精神"维度上的平均值最高，其次是"专业理念""专业能力"上的平均值，最后是"专业自主发展"和"专业知识"上的平均值。

不同职称中小学教师除了在"专业自主发展"维度上不存在显著差异外，在其他专业发展维度上均存在显著差异。下面具体来说。

在"专业精神"和"专业理念"方面，具有高级职称教师的"专业

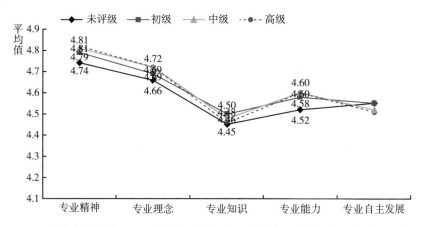

图 5　北京市中小学不同职称教师在专业发展各维度上的表现水平与变化趋势

精神"得分均值最高，为 4.82，未评级教师均值最低，为 4.74；具有高
级职称和中级职称教师的"专业理念"得分均值最高，为 4.72，未评级教
师均值最低，为 4.66；不同职称中小学教师在"专业精神"和"专业理
念"的表现水平的变动趋势一致，从高到低依次为：高级职称教师、中级
职称教师、初级职称教师和未评级教师。高级职称教师一般都具有丰富工
作经历和教学经验，对党和国家教育政策、教育本质和教育规律都有较为
深刻的理解，因此，在"专业精神"和"专业理念"维度上具有较好的表
现水平。

　　在"专业知识"方面，初级职称教师的平均值最高，为 4.50，未评级
教师平均值最低，为 4.45；由于未评级教师都是刚入职不久的年轻教师，
他们刚刚从大学毕业，具有一定教育学和学科专业的理论基础，但比较欠缺
教学实践和经验，因此，在"专业知识"维度上的表现水平不尽如人意。
然而，经过几年的教学历练，初级职称教师不但进一步巩固了教育学和专业
理论知识，而且还丰富了课程与课堂教学法相关的知识，在教育教学中进一
步增长了自己的信息技术知识，拓宽了人文和科学素养，从而表现出了更高
的"专业知识"。

　　在"专业能力"方面，平均值最高的是高级职称教师和中级职称教师，

均值为 4.60，其次是初级职称教师，未评级教师平均值最低，为 4.52。这说明了职称与教师的"专业能力"呈现正相关关系，也就是说职称越高，"专业能力"越强。高级职称教师一般是至少有 15 年以上教龄的教师，在一线教学中积累了丰富的教学经验，也逐步形成了自己特色的教学方法，他们通过不断积累和叠加，从而体现出了较高的"专业能力"。

在"专业自主发展"方面，未评级教师平均值和初级职称教师平均值并列最高，为 4.55；其次为中级职称教师，其平均值为 4.52；高级职称教师最低，其平均值为 4.51。虽然，职称与教师"专业自主发展"并没有呈现强的相关关系，但是从总体上来看，那些未评级的教师正处于职业发展的初期，刚入职的新任教师具有较高的职业发展愿望，能够积极主动规划未来专业发展，因此，"专业自主发展"上的表现相对好些。而高级职称教师在达到了以职称为代表的专业发展道路的顶峰之后，往往会无所求，没有体现出更加高的"专业自主发展"意愿。

（5）专业发展水平学段差异检验

本报告分别对北京市小学教师、初中教师和高中教师进行了调查，并对不同学段的中小学教师在专业发展 5 个维度上进行独立样本 T 检验，结果见表 7。

表 7　北京市中小学教师专业发展水平的学段差异

	小学	初中	高中	F 值	P
专业精神	4.82 (0.44)	4.79 (0.43)	4.77 (0.48)	13.929	0.000
专业理念	4.72 (0.50)	4.69 (0.51)	4.68 (0.53)	11.300	0.000
专业知识	4.51 (0.52)	4.46 (0.52)	4.43 (0.53)	31.860	0.000
专业能力	4.62 (0.50)	4.57 (0.50)	4.54 (0.51)	28.294	0.000
专业自主发展	4.55 (0.57)	4.50 (0.57)	4.51 (0.56)	11.825	0.000
总体	4.65 (0.44)	4.60 (0.44)	4.59 (0.45)	23.860	0.000

统计结果表明，从总体上看，不同学段中小学教师在专业发展水平上存在显著性差异（P＝0.000，P<0.001）。同时，从不同维度看，"专业精神"（P＝0.000，P<0.001）、"专业理念"（P＝0.000，P<0.001）、"专业知识"（P＝0.000，P<0.001）、"专业能力"（P＝0.000，P<0.001）和"专业自主发展"（P＝0.000，P<0.001）维度上均存在显著性差异。

从图6可以看出，北京市小学教师的专业发展平均值在4.51~4.82，初中教师的专业发展平均值在4.46~4.79，高中教师的专业发展平均值在4.43~4.77，各维度表现水平的变化趋势大体相同，从高到低依次为："专业精神"、"专业理念"、"专业能力"、"专业自主发展"和"专业知识"。

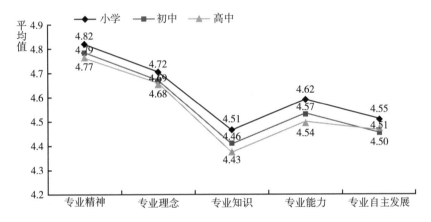

图6 北京市中小学不同学段教师在专业发展各维度上的表现水平与变化趋势

北京市中小学不同学段的教师在专业发展5个维度上的表现水平存在显著差异。在"专业精神"和"专业理念"方面，小学教师的"专业精神"平均值最高，为4.82，高中教师平均值最低，为4.77。同样，小学教师的"专业理念"平均值最高，为4.72，高中教师平均值最低，为4.68；中小学不同学段的教师在"专业精神"和"专业理念"上的表现水平的变化趋势一致，从高到低依次为：小学教师、初中教师和高中教师。

（6）专业发展水平区域差异检验

为了探寻北京市中小学教师专业发展水平的区域差异，本报告分别对核心城区教师与郊区教师在教师专业发展 5 个维度上进行独立样本 T 检验，结果见表 8。

统计结果表明，从总体上看，北京市中小学不同区域教师在教师专业发展水平上存在显著性差异（P＝0.000，P<0.001）。从不同维度看，在"专业精神"（P＝0.000，P<0.001）、"专业理念"（P＝0.000，P<0.001）、"专业知识"（P＝0.000，P<0.001）、"专业能力"（P＝0.000，P<0.001）和"专业自主发展"（P＝0.004，P<0.01）维度上，其专业发展水平也存在显著性差异。

表 8 北京市中小学教师专业发展水平的区域差异

	核心城区	郊区	T 值	P
专业精神	4.82 (0.43)	4.76 (0.47)	6.240	0.000
专业理念	4.72 (0.50)	4.66 (0.54)	6.978	0.000
专业知识	4.49 (0.52)	4.45 (0.54)	5.027	0.000
专业能力	4.61 (0.50)	4.54 (0.53)	7.757	0.000
专业自主发展	4.53 (0.57)	4.5 (0.57)	2.907	0.004
总体	4.58 (0.46)	4.64 (0.44)	6.821	0.000

从图 7 可以看出，核心城区中小学教师专业发展的平均值在 4.49～4.82，郊区中小学教师专业发展的平均值在 4.45～4.76，二者在各维度上的表现水平从高到低依次为："专业精神"、"专业理念"、"专业能力"、"专业自主发展"和"专业知识"。核心城区中小学教师在各维度上的表现水平均高于郊区中小学教师。

（7）专业发展水平学科差异检验

本报告分别对北京市中小学的"语数外"学科教师、"史地生物化"学科教师和"音体美"学科教师在专业发展 5 个维度上进行独立样本 T 检验，

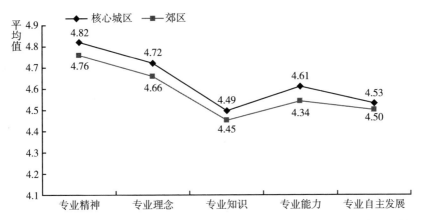

图7 北京市不同区域中小学教师在专业发展各维度上的表现水平与变化趋势

结果见表9。

统计结果表明，从总体上看，北京市中小学不同学科的教师在专业发展水平上存在显著性差异（P＝0.000，P<0.001）。从不同维度看，在"专业精神"（P＝0.000，P<0.001）、"专业理念"（P＝0.000，P<0.001）、"专业知识"（P＝0.000，P<0.001）、"专业能力"（P＝0.000，P<0.001）和"专业自主发展"（P＝0.000，P<0.001）维度上，其专业发展水平均存在显著性差异。

表9 北京市中小学教师专业发展水平的学科差异

	语数外	史地生物化	音体美	F 值	P
专业精神	4.82 (0.42)	4.77 (0.47)	4.80 (0.45)	12.605	0.000
专业理念	4.72 (0.50)	4.66 (0.53)	4.70 (0.52)	12.297	0.000
专业知识	4.49 (0.52)	4.42 (0.52)	4.49 (0.52)	20.905	0.000
专业能力	4.61 (0.49)	4.54 (0.51)	4.59 (0.52)	20.190	0.000
专业自主发展	4.54 (0.56)	4.47 (0.57)	4.53 (0.57)	13.435	0.000
总体	4.64 (0.43)	4.57 (0.46)	4.62 (0.45)	19.591	0.000

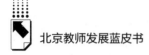

从总体看，"语数外"学科教师的专业发展平均值高于"音体美"学科教师的平均值，"音体美"学科教师的专业发展平均值高于"史地生物化"学科教师的平均值。从图 8 可以看出，"语数外"学科教师的专业发展平均值在 4.49~4.82，"史地生物化"学科教师的专业发展平均值在 4.42~4.77，"音体美"学科教师的专业发展平均值在 4.49~4.80，各维度上的表现水平从高到低依次为："专业精神"、"专业理念"、"专业能力"、"专业自主发展"和"专业知识"。

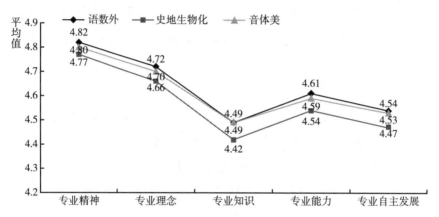

图 8 北京市中小学不同学科教师在专业发展各维度上的表现水平与变化趋势

北京市中小学不同学科教师专业发展在"专业精神"、"专业理念"、"专业能力"、"专业知识"和"专业自主发展"5 个维度上的表现水平存在显著性差异。具体情况如下。

在"专业精神"和"专业理念"方面，"语数外"学科教师的"专业精神"平均值最高，为 4.82，其次是"音体美"学科教师，平均值为4.80；"史地生物化"学科教师平均值最低，为 4.77。"语数外"学科教师的"专业理念"平均值最高，为 4.72，其次是"音体美"学科教师，平均值为 4.70；"史地生物化"学科教师平均值最低，为 4.66。中小学不同学科的教师在"专业精神"和"专业理念"上的表现水平变化趋势一致，从高到低依次为："语数外"学科教师、"音体美"学科教师和"史地生物化"

学科教师。由于在我国教育中,"语数外"学科都是主科,在中高考学科中占据重要位置,"语数外"学科教师在培养学生自主学习、良好的思维习惯、自强自立和适应社会等方面发挥了更重的作用,在教育教学中更有意识地尊重学生,公平、公正地对待学生,除了完成本学科教学任务外,还一般兼任班主任,承担着更多的育人任务,因此,在"专业精神"和"专业理念"维度上具有较好的表现水平。在新时代"五育并举"的理念下,传统的弱势学科"音体美"在学校教育中的受重视程度渐高,在育人中的地位和作用也日渐突显。与此相比较,"史地生物化"学科的受重视程度则低,尤其是教授生物、物理和化学等偏理科的教师,在日常教育教学中往往更注重本学科知识,而忽视本学科育人作用,因而,在"专业精神"和"专业理念"维度上的表现水平不够理想。

在"专业知识"方面,"语数外"和"音体美"学科教师的平均值并列最高,均为4.49,"史地生物化"学科教师平均值最低,为4.42。在"专业能力"方面,"语数外"学科教师的平均值最高,为4.61,其次是"音体美"学科教师,均值为4.59,"史地生物化"学科教师平均值最低,为4.54。中小学不同学科的教师在"专业知识"和"专业能力"的表现水平变化趋势一致,从高到低依次为:"语数外"学科教师、"音体美"学科教师和"史地生物化"学科教师。"音体美"学科教师在"专业知识"维度上表现水平与"语数外"学科教师"并驾齐驱",并在"专业能力"维度上表现水平也高于"史地生物化"学科教师,这样的结果主要得益于2013年开始正式启动《北京市公开招聘农村中小学音体美等学科教师三年行动计划(2013—2015年)》。该项政策计划招聘1000名高校毕业的音、体、美特长生进入乡村中小学,有效提升了"音体美"学科教师的专业性,从而在"专业知识"和"专业能力"维度上的表现水平得到较好的体现。

在"专业自主发展"方面,"语数外"学科教师的平均值最高,为4.54,其次是"音体美"学科教师,均值为4.53;"史地生物化"学科教师平均值最低,为4.47。"史地生物化"学科教师"专业自主发展"平均值得分最低,可能与该教师群体总体年龄偏大有关。前面分析显示,随着教龄增长，教师在"专业自主发展"维度上的表现水平渐低。进一步分析显示，在"音体美"学科教师群体中，40岁以下教师占47.9%；"史地生物化"学科教师群体中，40岁以下教师占35.3%。与"音体美"学科教师群体相比，"史地生物化"学科教师群体年龄偏大，从而导致了该学科教师在"专业自主发展"维度上的表现水平低，而"音体美"学科教师则表现出了高水平。

（二）专业培训的总体情况及差异检验

1. 专业培训内容的总体情况及差异检验

（1）专业培训内容的总体情况

如表10所示，"专业知识"（97%）、"教学策略"（97%）、"课程标准"（96.4%）、"评价学生的知识"（95.7%）、"学生行为和课堂管理"（95.4%）居前5位，均超过95%；"跨文化交流"（70.9%）、"特殊需要学生教学"（89.1%）、"跨学科教学综合能力"（89.9）居倒数3位，均低于90%。专业培训以学科专业内容培训为主，而对"跨文化交流""特殊需要学生教学""跨学科教学综合能力"内容的培训则较少。

表10 北京市中小学教师培训内容基本情况

排序	专业培训内容	人数（人）	百分比（%）
1	专业知识	15453	97.0
2	教学策略	15446	97.0
3	课程标准	15349	96.4
4	评价学生的知识	15242	95.7
5	学生行为和课堂管理	15187	95.4
6	个性化学习的教学方法	14931	93.8
7	信息技术技能	14798	92.9
8	家校交流合作	14645	92.0
9	分析和使用学生评估结果	14556	91.4
10	跨学科教学综合能力	14315	89.9
11	特殊需要学生教学	14195	89.1
12	跨文化交流	11294	70.9

（2）专业培训内容的学段差异检验

通过差异检验进一步表明（见表11），培训内容的学段差异主要表现在以下8个方面：①"评价学生的知识"方面，小学和高中教师所占比例显著高于初中教师；②"信息技术技能"方面，小学和高中教师所占比例也显著高于初中教师；③"学生行为和课堂管理"方面，小学教师所占比例显著高于初中和高中教师；④"个性化学习的教学方法"方面，小学教师所占比例显著高于初中教师；⑤"特殊需要学生教学"方面，小学教师所占比例显著高于初中和高中教师；⑥"跨学科教学综合能力"方面，小学教师所占比例显著高于初中和高中教师；⑦"家校交流合作"方面，小学教师所占比例显著高于初中教师和高中教师，初中教师又显著高于高中教师；⑧"跨文化交流"方面，小学教师所占比例显著高于初中和高中教师。总体来说，在"评价学生的知识""信息技术技能""学生行为和课堂管理""个性化学习的教学方法""跨文化交流""跨学科教学综合能力"内容培训方面，小学教师所占比例显著高于初中和高中教师。除以上8个方面外，其他4个方面的培训内容（"专业知识""教学策略""课程标准""分析和使用学生评价结果"）上，中小学各学段教师所占比例均无显著差异。

表11　北京市中小学教师培训内容的学段差异

单位：人，%

是否包含以下项目	选择"是"	学段			合计	卡方值	自由度
		小学	初中	高中			
专业知识	人数	8715	4228	2302	15245	1.323	2
	百分比	97.4	97.0	97.3	97.3		
教学策略	人数	8720	4216	2308	15244	5.675	2
	百分比	97.4	96.8	97.5	97.3		
课程标准	人数	8654	4196	2301	15151	3.993	2
	百分比	96.7	96.3	97.2	96.7		
评价学生的知识	人数	8636	4129	2267	15032	22.626 ***	2
	百分比	96.5	94.8	95.8	95.9		
信息技术技能	人数	8419	3968	2202	14589	41.133 ***	2
	百分比	94.1	91.1	93.0	93.1		

是否包含以下项目	选择"是"	学段			合计	卡方值	自由度
		小学	初中	高中			
学生行为和课堂管理	人数	8644	4106	2226	14976	53.124***	2
	百分比	96.6	94.2	94.0	95.6		
个性化学习的教学方法	人数	8468	4042	2219	14729	18.071***	2
	百分比	94.6	92.8	93.7	94.0		
特殊需要学生教学	人数	8248	3735	2016	13999	177.781***	2
	百分比	92.2	85.7	85.2	89.3		
跨学科教学综合能力	人数	8253	3783	2087	14123	107.541***	2
	百分比	92.2	86.8	88.2	90.1		
分析和使用学生评估结果	人数	8280	3921	2157	14358	25.268***	2
	百分比	92.5	90.0	91.1	91.6		
家校交流合作	人数	8413	3943	2082	14438	116.297***	2
	百分比	94.0	90.5	88.0	92.1		
跨文化交流	人数	6642	2887	1599	11128	106.254	2
	百分比	74.2	66.3	67.6	71.0		

注：*** 表示 $p < 0.001$。

（3）专业培训内容的城乡差异检验

通过进一步差异检验表明（见表12），培训内容的城乡教师差异主要表现在以下两方面：其一，"课程标准""信息技术技能"培训方面，城区教师的比例显著高于镇区、乡村教师；其二，"跨文化交流"培训方面，城区教师的比例显著低于镇区和乡村教师。总体来说，城区"课程标准"培训的教师比例显著高于镇区教师；镇区和乡村教师的"跨文化交流"培训比例显著高于城区教师。除以上3个方面外，其他9个方面（"专业知识""教学策略""评价学生的知识""学生行为和课堂管理""个性化学习的教学方法""特殊需要学生教学""跨学科教学综合能力""分析和使用学生评估结果""家校交流合作"）的教师比例没有显著的城乡差异。

表12　北京市中小学教师培训内容的城乡差异

单位：人，%

是否包含以下项目	选择"是"	城乡			合计	卡方值	自由度
		城区	镇区	乡村			
专业知识	人数	12759	2102	592	15453	3.443	2
	百分比	97.1	96.4	96.9	97.0		
教学策略	人数	12756	2097	593	15446	5.543	2
	百分比	97.1	96.2	97.1	97.0		
课程标准	人数	12687	2078	584	15349	9.898 **	2
	百分比	96.6	95.3	95.6	96.4		
评价学生的知识	人数	12585	2076	581	15242	2.186	2
	百分比	95.8	95.2	95.1	95.7		
信息技术技能	人数	12233	2004	561	14798	5.368	2
	百分比	93.1	91.9	91.8	92.9		
学生行为和课堂管理	人数	12546	2059	582	15187	4.894	2
	百分比	95.5	94.4	95.3	95.4		
个性化学习的教学方法	人数	12338	2023	570	14931	4.399	2
	百分比	93.9	92.8	93.3	93.8		
特殊需要学生教学	人数	11713	1943	539	14195	0.561	2
	百分比	89.2	89.1	88.2	89.1		
跨学科教学综合能力	人数	11813	1963	539	14315	1.982	2
	百分比	89.9	90.0	88.2	89.9		
分析和使用学生评估结果	人数	12031	1977	548	14556	4.364	2
	百分比	91.6	90.7	89.7	91.4		
家校交流合作	人数	12102	1986	557	14645	3.295	2
	百分比	92.1	91.1	91.2	92.0		
跨文化交流	人数	9220	1605	469	11294	21.136 ***	2
	百分比	70.2	73.6	76.8	70.9		

注：** 表示 $p<0.01$，*** 表示 $p<0.001$。

2. 有效专业培训特征的总体情况及差异检验

（1）有效专业培训特征的总体情况

如表13所示，有效专业培训特征的总体情况表现为：①教师认为最有效的培训特征是"聚焦于我所教授的学科所需内容"（54.0%），超过50%；

②最有效的培训特征倒数两位是"提供了后续活动"（13.7%）和"持续时间较长（如几周或更长）"（10.3%），均未达到20%。总体来看，"聚焦于我所教授的学科所需内容"最有效，"提供了后续活动"和"持续时间较长（如几周或更长）"有效性较低；③以下9个方面内容（"符合我的个人发展需求""我能将新理念应用于课堂，学以致用""基于我先前已有的知识""提供了主动学习的机会""提供了合作学习的机会""具有连贯的内在结构""在教师所在学校内进行""我的大部分同事都能参与其中""聚焦于我的教学革新"）从45.1%到20.5%逐步降低。

表13　北京市中小学教师有效专业培训特征

单位：人，%

排序	有效专业培训特征	人数	百分比
1	聚焦于我所教授的学科所需内容	8597	54.0
2	符合我的个人发展需求	7187	45.1
3	我能将新理念应用于课堂,学以致用	6748	42.4
4	基于我先前已有的知识	5853	36.8
5	提供了主动学习的机会	5841	36.7
6	提供了合作学习的机会	4834	30.4
7	具有连贯的内在结构	4311	27.1
8	在教师所在学校内进行	4122	25.9
9	我的大部分同事都能参与其中	3465	21.8
10	聚焦于我的教学革新	3257	20.5
11	提供了后续活动	2175	13.7
12	持续时间较长(如几周或更长)	1648	10.3

（2）有效专业培训特征的学段差异检验

通过差异检验进一步表明（见表14），北京市中小学教师有效专业培训特征的学段差异主要表现在以下12个方面：①"基于我先前已有的知识"方面，初中和高中教师显著比小学教师认为更重要；②"符合我的个人发展需求"方面，高中教师显著比小学和初中教师认为更重要；③"具有连贯的内在结构"方面，高中和小学教师显著比初中教师认为更重要；④"聚焦于我所教授的学科所需内容"方面，高中教师显著比小学和初中教师认为更重要；⑤"提供了主动学习的机会"方面，小学教师显著比初中和高中教师认为更重要；⑥"提供了合作学习的机会"方面，小学教师显著比初中和高中教师认为更重要；⑦"我能将新理念应用于课堂，学以致用"方面，高中教师显著比小学和初中教师认为更重要；⑧"提供了后续活动"方面，小学教师显著比初中和高中教师认为更重要；⑨"在教师所在学校内进行"方面，小学教师显著比初中和高中教师认为更重要，初中教师又显著比高中教师认为更重要；⑩"我的大部分同事都能参与其中"方面，小学教师显著比初中和高中教师认为更重要；⑪"持续时间较长（如几周或更长）"方面，小学教师显著比初中教师认为更重要；⑫"聚焦于我的教学革新"方面，高中教师显著比小学和初中教师认为更重要。总体来看，初高中教师尤其是高中教师更关注有效专业培训的内容，小学教师更关注其培训形式。

表14 北京市中小学教师有效专业培训特征的学段差异

单位：人，%

是否包含以下项目	选择"是"	学段			合计	卡方值	自由度
		小学	初中	高中			
基于我先前已有的知识	人数	3205	1672	922	5799	12.804 **	2
	百分比	35.8	38.4	39.0	37.0		
符合我的个人发展需求	人数	4038	1934	1124	7096	6.138 *	2
	百分比	45.1	44.4	47.5	45.3		
具有连贯的内在结构	人数	2487	1094	688	4269	15.337 ***	2
	百分比	27.8	25.1	29.1	27.2		
聚焦于我所教授的学科所需内容	人数	4759	2363	1440	8562	44.662 ***	2
	百分比	53.2	54.2	60.8	54.6		
提供了主动学习的机会	人数	3439	1528	802	5769	24.475 ***	2
	百分比	38.4	35.1	33.9	36.8		
提供了合作学习的机会	人数	2848	1272	646	4766	22.381 ***	2
	百分比	31.8	29.2	27.3	30.4		

是否包含以下项目	选择"是"	学段			合计	卡方值	自由度
		小学	初中	高中			
我能将新理念应用于课堂,学以致用	人数	3833	1796	1071	6700	10.217**	2
	百分比	42.8	41.2	45.2	42.7		
提供了后续活动	人数	1370	501	283	2154	43.400***	2
	百分比	15.3	11.5	12.0	13.7		
在教师所在学校内进行	人数	2592	1039	443	4074	116.663***	2
	百分比	29.0	23.8	18.7	26.0		
我的大部分同事都能参与其中	人数	2069	857	488	3414	22.700***	2
	百分比	23.1	19.7	20.6	21.8		
持续时间较长(如几周或更长)	人数	980	408	245	1633	7.918*	2
	百分比	11.0	9.4	10.4	10.4		
聚焦于我的教学革新	人数	1787	852	589	3228	31.652***	2
	百分比	20.0	19.6	24.9	20.6		

注: * 表示 $p<0.05$, ** 表示 $p<0.01$, *** 表示 $p<0.001$。

（3）有效专业培训特征的城乡差异检验

通过差异检验进一步表明（见表15），北京市中小学教师的有效专业培训特征的城乡差异，主要表现在以下6个方面：①"基于我先前已有的知识"方面，城区教师显著比镇区教师认为更重要；②"聚焦于我所教授的学科所需内容"方面，城区教师显著比镇区和乡村教师认为更重要；③"在教师所在学校内进行"方面，城区教师显著比镇区和乡村教师认为更重要；④"我的大部分同事都能参与其中"方面，城区教师显著比镇区和乡村教师认为更重要；⑤"持续时间较长（如几周或更长）"方面，城区教师显著比镇区和乡村教师认为更重要；⑥"聚焦于我的教学革新"方面，城区和乡村教师显著比镇区教师认为更重要。总体来看，城区教师更关注有效专业培训的内容；镇区教师对专业培训的有效性感受较低。除以上6个方面外，以下6个方面（"符合我的个人发展需求""具有连贯的内在结构""提供了主动学习的机会""提供了合作学习的机会""我能将新理念应用于课堂，学以致用""提供了后续活动"），北京市中小学教师无显著城乡差异。

表 15　北京市中小学教师有效专业培训特征的城乡差异

单位：人，%

是否包含以下项目	选择"是"	城乡			合计	卡方值	自由度
		城区	镇区	乡村			
基于我先前已有的知识	人数	4895	729	229	5853	11.938 **	2
	百分比	37.3	33.4	37.5	36.8		
符合我的个人发展需求	人数	5882	1004	301	7187	5.602	2
	百分比	44.8	46.1	49.3	45.1		
具有连贯的内在结构	人数	3576	580	155	4311	1.299	2
	百分比	27.2	26.6	25.4	27.1		
聚焦于我所教授的学科所需内容	人数	7212	1103	282	8597	29.694 ***	2
	百分比	54.9	50.6	46.2	54.0		
提供了主动学习的机会	人数	4802	809	230	5841	0.497	2
	百分比	36.6	37.1	37.6	36.7		
提供了合作学习的机会	人数	3939	689	206	4834	5.700	2
	百分比	30.0	31.6	33.7	30.4		
我能将新理念应用于课堂，学以致用	人数	5579	913	256	6748	0.331	2
	百分比	42.5	41.9	41.9	42.4		
提供了后续活动	人数	1812	280	83	2175	1.440	2
	百分比	13.8	12.8	13.6	13.7		
在教师所在学校内进行	人数	3489	503	130	4122	18.909 ***	2
	百分比	26.6	23.1	21.3	25.9		
我的大部分同事都能参与其中	人数	2926	423	116	3465	11.944 **	2
	百分比	22.3	19.4	19.0	21.8		
持续时间较长（如几周或更长）	人数	1396	196	56	1648	6.366 *	2
	百分比	10.6	9.0	9.2	10.3		
聚焦于我的教学革新	人数	2737	387	133	3257	11.625 **	2
	百分比	20.8	17.8	21.8	20.5		

* 表示 $p<0.05$，** 表示 $p<0.01$，*** 表示 $p<0.001$。

3. 专业培训阻碍因素的总体情况及差异检验

（1）专业培训阻碍因素的总体情况

如表 16 所示，北京市中小学教师认为阻碍专业培训的主要因素是"工作冲突"（65.0%），超过 50%。之后，从高到低依次是："缺乏机会"

（43.4%）、"缺乏经费"（42.7%）、"家庭困难"（42.4%）、"缺乏资格"（42.3%）、"缺乏支持"（36.2%）、"缺乏动机"（33.0%）。

表16 北京市中小学教师专业培训阻碍因素的总体情况

单位：人，%

排序	专业培训阻碍因素	人数	百分比
1	工作冲突	10357	65.0
2	缺乏机会	6908	43.4
3	缺乏经费	6795	42.7
4	家庭困难	6760	42.4
5	缺乏资格	6731	42.3
6	缺乏支持	5762	36.2
7	缺乏动机	5255	33.0

（2）专业培训阻碍因素的学段差异检验

通过差异检验进一步表明（见表17），专业培训阻碍因素的学段差异主要表现在以下5个方面：①"缺乏经费"方面，初中和高中教师的比例显著高于小学教师；②"缺乏支持"方面，初中教师的比例显著高于小学和高中教师；③"工作冲突"方面，初中和高中教师的比例显著高于小学教师；④"家庭困难"方面，初中教师的比例显著高于小学教师；⑤"缺乏机会"方面，初中教师的比例显著高于小学和高中教师，而高中教师的比例又显著高于小学教师。总体来看，初高中教师，尤其是初中教师感受到专业培训阻碍更多。除以上5个方面，"缺乏资格"方面中小学各学段教师没有显著差异。

（3）专业培训阻碍因素的城乡差异检验

通过差异检验进一步表明（见表18），专业培训阻碍因素的城乡差异主要表现在以下两方面：①"工作冲突"方面，城区教师比例显著高于镇区和乡村教师；②"家庭困难"方面，城区教师比例显著高于镇区和乡村教师。总体来看，在"工作冲突"和"家庭困难"方面，城区教师比例显著高于镇区和乡村教师。除以上两方面，以下5个方面（"缺乏资格""缺乏经费""缺乏支持""缺乏机会""缺乏动机"），北京市中小学城乡教师无显著差异。

表 17　北京市中小学教师专业培训阻碍因素的学段差异

单位：人，%

是否包含以下项目	选择"是"	学段			合计	卡方值	自由度
		小学	初中	高中			
缺乏资格	人数	3780	1865	965	6610	2.642	2
	百分比	42.2	42.8	40.8	42.2		
缺乏经费	人数	3623	2014	1048	6685	42.465 ***	2
	百分比	40.5	46.2	44.3	42.7		
缺乏支持	人数	3046	1764	855	5665	52.807 ***	2
	百分比	34.0	40.5	36.1	36.1		
工作冲突	人数	5642	2968	1611	10221	43.218 ***	2
	百分比	63.0	68.1	68.1	65.2		
家庭困难	人数	3725	1940	1010	6675	10.095 **	2
	百分比	41.6	44.5	42.7	42.6		
缺乏机会	人数	3586	2127	1078	6791	96.857 ***	2
	百分比	40.1	48.8	45.5	43.3		
缺乏动机	人数	2943	1471	756	5170	2.400	2
	百分比	32.9	33.8	31.9	33.0		

注：** 表示 $p<0.01$，*** 表示 $p<0.001$。

表 18　北京市中小学教师专业培训阻碍因素的城乡差异

单位：人，%

是否包含以下项目	选择"是"	城乡			合计	卡方值	自由度
		城区	镇区	乡村			
缺乏资格	人数	5509	939	283	6731	5.249	2
	百分比	41.9	43.1	46.3	42.3		
缺乏经费	人数	5636	886	273	6795	4.987	2
	百分比	42.9	40.6	44.7	42.7		
缺乏支持	人数	4771	769	222	5762	0.900	2
	百分比	36.3	35.3	36.3	36.2		
工作冲突	人数	8699	1291	367	10357	47.337 ***	2
	百分比	66.2	59.2	60.1	65.0		
家庭困难	人数	5666	857	237	6760	14.699 **	2
	百分比	43.1	39.3	38.8	42.4		

续表

是否包含以下项目	选择"是"	城乡			合计	卡方值	自由度
		城区	镇区	乡村			
缺乏机会	人数	5733	929	246	6908	3.329	2
	百分比	43.7	42.6	40.3	43.4		
缺乏动机	人数	4339	720	196	5255	0.243	2
	百分比	33.0	33.0	32.1	33.0		

注：** 表示 p<0.01，*** 表示 p<0.001。

五 研究建议

（一）唤醒自主发展意识，引领教师专业发展

目前，北京市中小学教师专业发展模式主要是由地方政府发起的、指令性的教师发展模式和由大学提供课程、工作坊、研讨会和讲座等的发展模式，它们主要依托于刚性推进的政策体系和外部形塑的培训体系，本质上都是一种外在于教师的、自上而下的发展模式。有两个明显的特征：其一，教育行政部门和大学形成一套相对独立的教育培训体系，以此开展常规的教学研究和教师培养工作；其二，教育行政部门和大学通过一套甄别、评价与认定机制来评判教师专业发展的情况。[①] 这种缺乏教师自主性的"被动发展"模式严重影响教师的专业发展水平。因而，高质量的教师专业发展需要不断提升教师专业自主发展意识。唤醒教师自主发展意识，需要教师和学校共同努力。

1. 教师要真正转变观念，增强自觉反思意识

美国心理学家波斯纳（G. J. Posner）提出教师专业发展公式——"专业成长＝实践+反思"。"在教师头脑中必须进一步强化教师专业必须不断成长、

---

① 汪明帅：《从"被发展"到自主发展——教师专业发展的现实挑战与可能对策》，《教师教育研究》第 23 卷第 4 期，2011 年。

不断发展的意识，真正认识到积极的教学反思活动是教师成长和提高的有效手段之一。"① 教师要真正转变观念，增强自觉反思意识，养成反思习惯。

2. 中小学要创建有利于教师的反思文化

当前，很多中小学校教师在教学中基本上处于一种单打独斗的状态，难以形成教师专业成长的团体动力。不同教师的教育经验更多地表现为一种孤立的离散的存在，既缺乏必要的整合与提升，也难以进行有效的交流与传播。对教学过程中存在的具体问题的解决，也常常依赖于个人的努力，因此其解决过程蒙上了一层浓厚的个人色彩。另外，很多学校对教师的考评形式单一，并不重视教师的专业发展，没有在学校内部形成良好的教学反思文化，也没有形成有效的教学反思机制。这要求学校营造有利于教师反思的氛围，创建学校反思文化。②

3. 教师要制订个性化的专业发展规划

中小学教师要以崇高的教育事业为奋斗目标，将《中小学教师专业标准》作为依据，制订符合自己的专业发展规划，增强专业发展自觉性，并将自己的职业规划付诸实践。

（二）优化专业知识结构，促进教师专业发展

本报告在分析中发现，北京市中小学教师在教师专业发展的 5 个维度上，"专业知识"的平均值最低。中小学教师在"教育知识"、"学科知识"、"通识性知识"和"学科教学知识"方面存在明显不足，学校要采取针对性措施，帮助广大教师解决专业知识欠缺问题，优化教师的知识结构，提升教育教学能力。

1. 建立学习型组织，夯实教育理论知识

中小学教师知识增长的途径多，其中读书是重要的途径之一。建立读书研讨会制度，结合学校日常教研活动，号召全校教师积极参与，定期召开大

---

① 邵光华、顾泠沅：《中学教师教学反思现状的调查分析与研究》，《教师教育研究》2010 年第 2 期。

② 马文杰：《教学反思：教师专业成长的应然选择》，《教育探索》2012 年第 10 期。

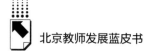

型读书研讨会，建立教师之间交流与学习平台，促进不同学科教师之间知识的交流。每一次读书研讨会确定一个研讨主题或者书目。参与读书会的教师提前阅读相关书籍，并组好做好读书笔记，会上参与交流、研讨。教师在阅读书籍过程中，能够有意识地学习知识，提升自我认识，同时通过交流与研讨还可以获得其他教师的教育教学经验，进一步加深自己对该教育理论知识的理解。通过不同学科和年级教师之间的交流、研讨，每一位教师都能快速获得教育理论知识储备，提升教育教学质量。

2. 通过师徒结对，促进实践知识的增长①

本报告调查发现，教龄段在 3 年以下的新手教师对课程知识、教学方法与策略知识以及教学评价知识等掌握不够全面，驾驭课堂的能力也有待提高。比如，新教师在教育教学过程中遇到一些亟待解决的难题，可以采用"师徒结对"方式，让教育教学经验丰富的教师担任导师（师傅），对新教师开展有针对性的一对一指导。在指导过程中，导师（师傅）不仅要注重教学方法的指导，还要加强对新教师教学反思的引领，促使其形成反思精神，促进实践经验的增长。

（三）加强培训的顶层设计，保障教师专业发展

1. 专业培训在专业知识培训的基础上，加强跨文化、跨学科内容培训，关注特殊需求的学生

《北京市"十四五"时期文化和旅游发展规划》提到，到 2025 年，北京将建设成为弘扬中华文明与引领时代潮流的文化名城、中国特色社会主义先进文化之都，初步建成国际交往活跃、国际化服务完善、国际影响力凸显的国际交往之都，基本建成国际科技创新中心。② 因此在加强专业知识培训的基础上，

---

① 参考高玉旭《农村初中教师专业知识现状及问题研究——基于〈中学教师专业标准（试行）〉》，硕士学位论文，辽宁师范大学，2019。

② 北京市文化和旅游局：《北京市"十四五"时期文化和旅游发展规划》，http://whlyj.beijing.gov.cn/zfxxgkpt/zdgk/ghjh/202110/P020211025372412948189.pdf，最后访问日期：2021 年 10 月 25 日。

还要加强跨文化、跨学科内容培训。随班就读以及"双减"的推进，使中小学教师更加关注有特殊需求的学生。这里特殊需求的学生不仅指学困生，也包括天才儿童。例如，芬兰教师在职培训中就有"教师新挑战：天才儿童教学辅导"的内容。芬兰教育界认为，学优生只是成绩突出，在个性方面可能会遇到更大困境，或者在专业发展上有特殊需求，都需要教师及时发现并应对。因此，提前进行相关知识的培训，能帮助教师提早发现学生的潜在问题，及时调整教学策略。

2. 专业培训更加聚焦所教学科，提高培训的时效性，不要打持久战

基于互联网的新型学习方式正在改变教师的认知方式。在我们培养学生学习兴趣的同时，在教师专业培训中，也要关注教师的个人需求，提升教师的学习兴趣。在"短视频"和"公众号"盛行的当今，长时间的单一讲座已经逐步丧失吸引力。在内容方面，要更加注重与教师所教授的学科内容相结合，不能空讲理论，要讲案例、讲方法，将新理念应用于课堂，以便教师能马上学以致用。在培训形式方面，要积极捕捉不同教师的培训需求，例如，小学教师专业培训则讲究形式灵活多样，初高中教师专业培训则注重内容设计。培训中应以"研究引领、学术涵养"为理念，带领教师做好项目研究、行动研究或案例研究，通过研究引领、自身造血，改善教师的思维方式和日常工作模式，最终解决教师自身的问题。

3. 针对城乡不同需求，提供有针对性的培训，减少培训阻碍

在培训内容方面，2021 年各级教育实施新课程标准，其中最主要的变化是新课程标准基于核心素养，从注重学科到关注生活实践，并突出实践和创新。之前基础教育之所以强调学科中心、知识中心，其根本原因在于课程标准和教材呈现的方式、体系是基于学科逻辑，而不是打破学科逻辑。新的课程标准是从学生成长和现实生活需求角度重新制定的。这就对教师提出了更高的要求：一方面要教给学生更多的间接经验和知识概念，在本学科基础上兼顾跨学科的融合与连接；另一方面也要贴近学生的现实生活，在加强实践的基础上进行突破和创新。由于城乡差异，镇区和乡村教师的相关培训需求多高于城区教师，因此，为了实现教育均衡，应加强对镇区和乡村教师的

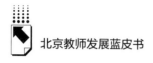
新课程标准的培训。

在培训有效性方面,城区和乡村教师的专业培训往往受到各方的关注,城区教师培训机会较多,参与培训的交通成本和时间成本较低。乡村学校尤其是偏远地区的农村学校,往往是重点关注的对象,应有各种专项培训加持。相对城区和乡村教师,镇区教师对培训的有效性感受较低,应加强针对性培训。

在专业培训阻碍方面,最主要的培训阻力始终是工学矛盾。随着教育改革的深入,教书育人要求更具规范性,其复杂性更强,同时还伴随着考试和升学的压力,这些工作占据了中小学教师很大一部时间和精力,使得教师难以从繁重的工作中拿出更多时间和精力去参加各种继续教育学习活动,从而激发了更加突出的工学矛盾。要解决工学矛盾,一方面,必须严格落实教师减负的相关政策,不能越减负担越重;另一方面,要变革教师专业培训方式,内容上实现课程建设与知识服务深度对接,形式上要把过去线下的分散式培训改为当前的线上的集中培训,从而建构一个由组织培训、个人报名、主动学习、自动记载组成的完整过程,达到培训成果的一体化效果。这有助于缓解广大中小学教师参加继续教育学习时的工学矛盾问题,降低学习成本,保证继续教育学习的质量。

B.4
教师绩效考核报告

宋洪鹏*

摘　要： 绩效考核不仅是发放教师绩效工资的重要依据，也是促进教师个人发展和学校教师队伍建设的重要手段。研究团队对北京市9个区15925名中小学教师进行问卷调查，从考核指标、考核主体、考核方法、考核频次、考核结果使用、教师对绩效考核的评价等方面，对教师绩效考核的现状进行深入分析，发现当前教师绩效考核存在发展性功能发挥不够、指标设计科学性不足、过程性考核缺乏、实施过程的治理体系有待加强等问题。为此，本报告提出如下改进建议：将上级指导文件和学校文件结合起来，更要发挥上级文件的指导作用；将管理性考核与发展性考核结合起来，更注重发展性考核；将终结性考核与过程性考核结合起来，更重视过程性考核；将全面考核与关键绩效考核结合，更强调关键绩效考核。

关键词： 绩效考核　教师评价　教师队伍建设　中小学教师　北京市

一　研究背景

一直以来，国家高度重视中小学教师队伍建设，出台了一系列政策举措

---

* 宋洪鹏，博士，北京教育科学研究院教师研究中心助理研究员。本报告系北京市教育科学规划青年专项课题"北京市义务教育学校教师绩效考核现状、问题原因及对策研究"（项目编号：BCFA18050）的阶段性成果之一。

以推动中小学教师队伍建设的发展。其中，教师绩效工资和绩效考核政策的出台，就是关涉中小学教师切身利益的重大举措，国家旨在通过绩效考核和绩效工资激发中小学教师的工作积极性。2008年12月颁布的《国务院办公厅转发人力资源社会保障部财政部教育部〈关于义务教育学校实施绩效工资指导意见〉的通知》（国办发〔2008〕133号，以下简称《绩效工资指导意见》）规定，"按国家规定执行事业单位岗位绩效工资制度的义务教育学校正式工作人员，从2009年1月1日起实施绩效工资"。紧接着教育部颁布的《教育部关于做好义务教育学校教师绩效考核工作的指导意见》（教人〔2008〕15号，以下简称《绩效考核指导意见》）指出，做好教师绩效考核工作，推进义务教育学校绩效工资制度顺利实施，推动义务教育学校教师队伍建设。之后，各省（自治区、直辖市）为贯彻落实国家关于深化事业单位收入分配制度改革的总体部署及事业单位实施绩效工资的要求，陆续出台了其他事业单位实施绩效工资的政策文件，规定除义务教育学校、公共卫生和基层医疗卫生事业单位外，按国家规定执行事业单位岗位绩效工资制度的其他事业单位的正式工作人员，从2010年1月1日起实施绩效工资。至此，高中学校教师也被纳入绩效工资及绩效考核的范围中来。

2020年10月，中共中央、国务院印发了《深化新时代教育评价改革总体方案》，要求系统推进教育评价改革，强调"坚持科学有效，改进结果评价，强化过程评价，探索增值评价，健全综合评价，充分利用信息技术，提高教育评价的科学性、专业性、客观性"。2021年3月，教育部等六部门颁布了《义务教育质量评价指南》（教基〔2021〕3号），要求"坚持以评促建。坚持实事求是、客观公正，强化过程性评价和发展性评价，有效发挥引导、诊断、改进、激励功能，促进义务教育优质均衡发展"。对教师绩效考核做深入研究，是当前政策制定者、学校管理者、教师等相关利益群体广泛关注的事项。自2008年《绩效考核指导意见》颁布以来，中小学教师绩效考核政策实施已超过10年，具体实施情况怎样？中小学教师对绩效考核工作的评价怎样？绩效考核的实施效果怎样？绩效考核在实施中存在什么问题？对这些问题进行系统的评估研究，在此基础上提出完善中小学教师绩效考核政策的对策建议，具有重要的现实意义。[①]

二 研究设计

（一）研究内容

基于评估中小学教师绩效考核政策实施 10 年来状况的研究目的，本报告提出如下研究问题：

①教师绩效考核在中小学是如何实施的；

②中小学教师对绩效考核工作的评价如何；

③中小学教师绩效考核的实施效果怎样；

④中小学教师绩效考核在实施中存在什么问题，原因有哪些？

（二）研究方法

1.研究对象

本报告以北京市中小学专任教师为研究对象，采取目的抽样和整群抽样相结合的方法，选择包括城区和镇区、乡村在内的 9 个区中小学教师队伍总数的 20% 参与问卷调查。本次调研共回收有效问卷 15925 份。被试样本的人口学特征的描述性统计结果参见 B.2 中表 1。

2.研究工具

本报告采用自编问卷和成熟问卷相结合的方式开展研究。自编问卷参照美国著名评估专家斯塔弗尔比姆（Daniel L. Stufflebeam）于 1974 年提出的框架，即一个系统设计的评估应该回答 8 个问题：如何理解评估（what is evaluation），评估的目的是什么（what is it for），评估的焦点是什么（what questions do evaluations address），评估需要哪些信息（what information does evaluation

---

① 本研究开展时间为 2021 年 5~10 月。

require)，评估为谁服务（whom will be served），谁参与评估（who should do the evaluation），如何实施评估（how should the evaluation be conducted），用什么样的标准对评估进行再评估（by what standards should the evaluation be judged）。[1] 自编问卷主要包括中小学教师绩效考核的实施情况，中小学教师绩效考核的实施效果，中小学教师绩效考核存在的问题及原因。成熟问卷借用北京师范大学赵德成编制的教师绩效评估知觉问卷，具体包括"促进发展""民主沟通""准确可靠""尊重差异""公平合理"5 个维度。[2] 该问卷编制过程科学规范，具有良好的信度和效度。在本次调研中，该问卷也有良好的信度，整体的 Cronbach's α 系数为 0.971，各维度的 Cronbach's α 系数为 0.927~0.971。

三　研究结果

（一）中小学教师绩效考核的实施情况

绩效考核方案是中小学教师绩效考核实施的蓝本，直接反映中小学教师绩效考核实施的质量。经过统计发现，95.2% 的教师认为学校有绩效考核方案，选择"没有"（0.7%）或"不知道"（4.1%）的教师仅占 4.8%。中小学在实施绩效考核之前，都会制定绩效考核方案，在绩效考核方案中，有哪些考核指标，由谁来考核，使用哪些考核方法，考核频次怎样，考核结果如何使用，具体如下。

1. 考核指标（考核什么）

考核指标指的是具体从哪些方面来对考核内容进行衡量或评价，它要解决的是评价"什么"的问题。罗列出 15 项指标，请中小学教师从中选出 5 项，并按指标权重排序，所得结果见表 1。结果显示，选择比例排名前 5 位的指标是"师德表现""教学工作量""育人工作（德育工作）""班主任

---

[1] Stufflebeam L. Daniel, "Meta-Evaluation" https://www.globalhivmeinfo.org/CapacityBuilding/Occasional%20Papers/03%20Meta-Evaluation.pdf，最后访问时间：2021 年 7 月 5 日。

[2] 赵德成：《中小学教师对绩效评估的知觉及其与职业承诺的关系》，《教育学报》2014 年第 2 期。

工作""考勤";所占权重①排名前 5 位的指标是"师德表现""教学工作量""育人工作（德育工作）""班主任工作""课堂教学表现"。前 4 项指标的所占权重与选择比例一致，"考勤"排在选择比例的第 5 位，而"课堂教学表现"排在所占权重的第 5 位。

表 1　北京市中小学教师绩效考核指标

考核指标	所占权重	选择比例(%)
师德表现	3.79	84.2
教学工作量	2.25	63.3
育人工作(德育工作)	1.70	55.4
班主任工作	1.28	49.9
课堂教学表现	1.09	43.8
考勤	1.07	45.1
教学效果(与当年其他班级教师比较)	0.98	35.3
教育教学研究工作(参与教学研究活动情况,作课,课题,论文发表、获奖等)	0.82	33.9
教学常规检查情况	0.61	27.6
教学效果(与本班及其他班级其他年份的比较)	0.44	16.7
教师专业发展(拓展专业知识、提高教育教学能力等)	0.35	15.9
安全稳定	0.25	11.2
其他获奖	0.17	8.0
廉洁情况	0.16	7.5
家校联系情况	0.04	2.1

注：按权重之由大到小排列。

从不同学段来看，小学、初中和高中在考核指标所占权重上既有共同点也有所差异（见表 2）。具体表现为：①在所占权重排名前 5 位的指标中，"师德表现""教学工作量""育人工作（德育工作）"是小学、初中和高中学段都出现的指标，且"师德表现""教学工作量"都是排名前 2 位的指

① 权重是请北京市中小学教师选出所占比例最大的 5 个考核指标，并按权重大小依次排序计算出来的。具体计算规则是：排名第 1 的指标计作 5 分，依次递减，排名第 5 的指标计作 1 分，没有被选中的指标计作 0 分，最后求平均分。考核主体所占权重的计算亦是如此。

标；②除 3 个共同的指标外，小学教师认为"考勤""课堂教学表现"所占权重较大，而初高中学教师认为"班主任工作""教学效果（与当年其他班级教师比较）"所占权重较大。

表 2　北京市中小学教师绩效考核指标的学段比较

考核指标	小学权重	考核指标	初中权重	考核指标	高中权重
师德表现	4.13	师德表现	3.37	师德表现	3.24
教学工作量	2.10	教学工作量	2.44	教学工作量	2.47
育人工作(德育工作)	1.88	班主任工作	1.58	班主任工作	1.57
考勤	1.20	育人工作(德育工作)	1.45	育人工作(德育工作)	1.46
课堂教学表现	1.09	教学效果（与当年其他班级教师比较）	1.40	教学效果（与当年其他班级教师比较）	1.40
班主任工作	1.05	课堂教学表现	1.07	课堂教学表现	1.20
教育教学研究工作	0.78	考勤	0.91	教育教学研究工作	0.90
教学常规检查情况	0.69	教育教学研究工作	0.87	考勤	0.89
教学效果(与当年其他班级教师比较)	0.65	教学效果（与本班及其他班级其他年份的比较）	0.59	教学效果（与本班及其他班级其他年份的比较）	0.63
教师专业发展	0.37	教学常规检查情况	0.53	教学常规检查情况	0.49

注：本表按权重之由大到小排列，取前 10 位比较。

2. 考核主体（谁来考核）

考核主体涉及由谁来考核，或者说由谁来提供绩效信息，这直接影响中小学教师绩效考核的准确性、客观性和全面性。罗列出 10 个主体，请中小学教师从中选出 5 个，并按指标权重排序，所得结果见表 3。结果显示，选择比例排名前 5 位的主体是"中层干部（处室）""年级组长（年级主任）""校长""副校级干部""教研组长/备课组长"；所占权重排名前 5 位的主体是"校长""副校级干部""中层干部（处室）""年级组长（年级主任）""教研组长/备课组长"。除顺序有所差异之外，中小学教师所选出的 5 个主体是一致的。

表3　北京市中小学教师绩效考核主体

考核主体	所占权重	选择比例（%）
校长	3.14	72.9
副校级干部	2.54	71.8
中层干部（处室）	2.52	81.9
年级组长（年级主任）	2.03	77.6
教研组长/备课组长	1.53	68.7
其他教师	1.12	42.8
学生	0.86	33.1
教师本人	0.77	30.0
家长	0.41	18.0
第三方评价	0.08	3.1

注：按权重之由大到小排列。

从不同学段来看，小学、初中和高中在考核指标所占权重上既有共同点也有些许差异（见表4）。具体表现为：①在所占权重排名前5位的指标中，"校长""副校级干部""中层干部（处室）""年级组长（年级主任）""教研组长/备课组长"是小学、初中和高中都出现的指标，指标权重排名基本一致；②小学教师选择的"校长""中层干部（处室）"比中学教师选择的所占权重更大，而中学教师选择的"年级组长（年级主任）""教研组长/备课组长"比小学教师选择的所占权重更大。

表4　北京市中小学教师绩效考核主体的学段比较

考核指标	小学权重	考核指标	初中权重	考核指标	高中权重
校长	3.26	校长	3.00	校长	2.93
中层干部（处室）	2.66	副校级干部	2.49	副校级干部	2.45
副校级干部	2.59	中层干部（处室）	2.36	中层干部（处室）	2.25
年级组长（年级主任）	1.91	年级组长（年级主任）	2.16	年级组长（年级主任）	2.25
教研组长/备课组长	1.40	教研组长/备课组长	1.68	教研组长/备课组长	1.78
其他教师	1.18	学生	1.09	学生	1.21
教师本人	0.79	其他教师	1.05	其他教师	1.04
学生	0.65	教师本人	0.72	教师本人	0.77
家长	0.49	家长	0.35	家长	0.23
第三方评价	0.06	第三方评价	0.09	第三方评价	0.09

注：各学段按权重之由大到小排列。

3. 考核方法

考核方法也就是考核数据收集方法，用什么样的方法收集数据，在很大程度上影响考核的科学性和有效性。罗列出 15 种考核方法，请中小学教师至少选择 1 种，结果见表 5。结果显示，选择"考核组（含干部、组长、教师代表等）评议"的教师比例最高，占总数的 75.5%，其他选项均未超过总数量的一半。选择"干部评议""年级组评议""教师互评打分""教师自评打分"的教师比例也较高，在 40%~50%。选择"教研组/备课组评议""学生问卷调查"的教师也有一定的比例，分别为 33.9%、29.7%。选择其他方法的教师比例较低，均低于 20%。

表 5　北京市中小学教师绩效考核方法

单位：人，%

考核方法	人数	比重
考核组(含干部、组长、教师代表等)评议	12022	75.5
干部评议	7721	48.5
年级组评议	7621	47.9
教师互评打分	7015	44.1
教师自评打分	6401	40.2
教研组/备课组评议	5405	33.9
学生问卷调查	4724	29.7
家长问卷调查	2795	17.6
获奖记录整理	2386	15.0
课堂教学观察	2076	13.0
学生学业成绩(与当年其他班级的比较)	2047	12.9
学生学业成绩(与本班及其他班级其他年份的比较)	1278	8.0
教师本人面谈	643	4.0
教学档案袋	431	2.7
其他教师面谈	422	2.6

注：按选择比例之由高到低排列。

从不同学段来看，小学、初中和高中在考核方法选择比例上有某些共同点，也有不少差异（见表6）。具体表现为：①在选择比例排名前5位的方法中，"考核组（含干部、组长、教师代表等）评议""年级组评议""干部评议""教师互评打分"是小学、初中和高中教师选择较多的方法，其中"考核组（含干部、组长、教师代表等）评议""年级组评议""干部评议"多为干部打分；②选择"考核组（含干部、组长、教师代表等）评议""教师互评打分""教师自评打分"的小学教师更多，明显多于中学教师；③选择"学生问卷调查"的中学教师更多，明显多于小学教师。

表6　北京市中小学教师绩效考核方法的学段比较

单位：%

考核方法	小学比例	考核方法	初中比例	考核方法	高中比例
考核组（含干部、组长、教师代表等）评议	80.1	考核组（含干部、组长、教师代表等）评议	70.2	考核组（含干部、组长、教师代表等）评议	67.2
干部评议	50.9	年级组评议	49.6	年级组评议	48.1
教师互评打分	48.1	干部评议	46.2	干部评议	43.9
年级组评议	47.0	教师互评打分	40.2	教研组/备课组评议	37.2
教师自评打分	42.9	教师自评打分	37.5	教师互评打分	36.5
教研组/备课组评议	32.4	教研组/备课组评议	35.5	学生问卷调查	36.0
学生问卷调查	25.4	学生问卷调查	34.8	教师自评打分	35.4
家长问卷调查	21.8	学生学业成绩（与当年其他班级的比较）	17.4	学生学业成绩（与当年其他班级的比较）	15.9
获奖记录整理	16.0	家长问卷调查	13.9	获奖记录整理	13.4
课堂教学观察	15.1	获奖记录整理	13.7	课堂教学观察	9.8

注：按选择比例之由高到低排列，取前10位比较。

4.绩效考核频次

考核频次指的是单位时间内考核教师的次数。请中小学教师对目前绩效考核频次和希望绩效考核频次进行选择，其结果显示（见表7），选择比例最高的都是"每学年考核一次"，分别占总数的48.2%、54.3%；选择"每学期考核一次"的教师比例也较高,占 40.4%、37.5%;选择"每一个月考核一次""每两个月考核一次"的教师比例较低。

表 7　北京市中小学教师对绩效考核频次选择的比例

单位:%

	每一个月考核一次	每两个月考核一次	每学期考核一次	每学年考核一次
目前绩效考核频次	10.6	0.8	40.4	48.2
希望绩效考核频次	6.6	1.5	37.5	54.3

从不同学段来看,小学、初中和高中教师在目前和希望绩效考核频次的选择上差异不大(见表 8)。具体表现为:①小学、初中、高中教师中选择每学年、每学期考核一次的比例都较高;②在希望绩效考核频次上,小学、中学教师均希望减少绩效考核频次,因此选择"每学年考核一次"的比例都较高,选择"每学期考核一次"的比例也较高。

表 8　北京市中小学教师对绩效考核频次选择的学段比较

单位:%

目前绩效考核频次	小学比例	初中比例	高中比例	希望绩效考核频次	小学比例	初中比例	高中比例
每一个月考核一次	13.1	8.1	6.5	每一个月考核一次	8.1	5.0	4.0
每两个月考核一次	0.6	0.9	1.1	每两个月考核一次	1.6	1.7	1.3
每学期考核一次	41.4	37.8	40.9	每学期考核一次	38.4	35.8	36.8
每学年考核一次	44.8	53.2	51.6	每学年考核一次	51.9	57.6	57.9

5. 考核结果的告知及使用

(1) 考核结果的告知

考核结束后,考核结果是否告知教师,如何告知教师,影响着考核程序的公平性、合理性。其结果显示(见表 9),中小学教师选择"学校公示"的比例最高,占总数的 81.4%;选择其他方式的比例均较低,需要看到的是有 6.1% 的教师表示"不知道考核结果"。

表9　北京市中小学教师获取考核结果的方式

单位：人，%

获取方式	人数	比重
学校公示	12958	81.4
领导告知	1447	9.1
不知道考核结果	964	6.1
其他方式得知（如果选择此项，请注明）	224	1.4
私下打听	203	1.3
询问领导	129	0.8

从不同学段来看，小学、初中和高中在获取考核结果方式上既有共同点也有些许差异（见表10）。具体表现为：①小学、初中、高中教师选择"学校公示"的比例都最高，选择其他方式的比例均较低；②选择"学校公示"的小学教师比例明显高于中学教师，而选择"不知道考核结果"的中学教师比例明显高于小学教师。

表10　北京市中小学教师对考核结果获取方式选择的学段比较

单位：%

获取方式	小学比例	初中比例	高中比例
学校公示	85.8	76.1	74.8
领导告知	8.2	10.0	10.5
询问领导	0.6	1.0	1.2
私下打听	0.7	1.9	2.1
其他方式得知（如果选择此项，请注明）	0.9	1.8	2.7
不知道考核结果	3.8	9.3	8.7

（2）考核结果的使用

考核结果的使用体现着绩效考核的功能。教师绩效考核具有多样化的功能，概括起来可分为两类，即管理性功能和发展性功能。管理性功能包括"一次性物质奖励""工资提升（薪级晋升）""职称（职务）晋升""精神激励（荣誉称号等）"；发展性功能主要包括教师"专业提升"。请中小学教师对"当前考核结果使用"和"希望考核结果使用"进行选择（至少选择1项），其结果显示（见表11），在"当前考核结果使用"上，选择最多的是"精神激励（荣誉称号等）""一次性物质奖励"；选择最少的是"专业提升"。在"希望考核结果使用"上，选择最多的是"工资提升（薪级晋升）"，选择"职称（职务）晋升""专业提升"的比例明显高于对"当前考核结果使用"选择的比例，选择"精神激励（荣誉称号等）""一次性物质奖励"的比例明显低于对"当前考核结果使用"选择的比例。无论"当前考核结果使用"上，还是"希望考核结果使用"上，中小学教师都更多地选择发挥绩效考核的管理性功能。

表11　北京市中小学教师对绩效考核结果使用的选择

单位：%

考核结果使用	精神激励（荣誉称号等）	职称(职务)晋升	工资提升（薪级晋升）	一次性物质奖励	专业提升
当前考核结果使用	49.9	25.9	25.2	43.8	22.8
希望考核结果使用	35.4	39.4	54.4	35.9	38.9

从不同学段来看，小学、初中和高中在考核结果使用上有很多共同点，但也有一些差异（见表12）。具体表现为：①在"当前考核结果使用"上，小学、初中、高中教师在"精神激励（荣誉称号等）"和"一次性物质奖励"的选择上，比例都最高，选择"专业提升"的比例较低；②在"希望考核结果使用"上，小学、初中、高中教师在选择"工资提升（薪级晋升）"上，比例都最高，在选择"职称（职务）晋升""专业提升"上，其比例也明显高于"当前考核结果使用"，选择"精神激励（荣誉称号等）""一次性物质奖励"的比例则明显低于"当前考核结果使用"；③在"当前考核结果使用"上，选择"专业提升"的小学教师比例明显高于中学教师；④无论"当前考核结果使用"上，还是"希望考核结果使用"上，小学、初中、高中教师都更多地选择发挥考核的管理性功能。

表 12　北京市中小学教师对绩效考核结果使用看法的学段比较

单位：%

当前考核结果使用	小学比例	初中比例	高中比例	希望考核结果使用	小学比例	初中比例	高中比例
精神激励（荣誉称号等）	50.4	48.8	49.2	精神激励（荣誉称号等）	35.1	35.7	35.1
职称（职务）晋升	24.0	28.5	28.1	职称（职务）晋升	39.3	40.4	38.9
工资提升（薪级晋升）	24.6	26.7	24.6	工资提升（薪级晋升）	55.2	54.0	53.0
一次性物质奖励	44.2	44.3	41.1	一次性物质奖励	36.9	35.2	34.1
专业提升	26.4	18.3	17.1	专业提升	38.7	39.4	37.8

（二）中小学教师对绩效考核的评价

中小学教师对绩效考核工作的评价，直接反映了中小学教师绩效考核的效果。请中小学教师对绩效考核工作进行李克特 5 点计分法评价，其结果显示（见表 13）：（1）中小学教师对绩效考核整体评价的平均分为 3.97，标准差为 0.86，说明中小学教师对绩效考核的评价处于良好水平；（2）从各维度来看，5 个维度的平均分在 3.92～4.01，与整体评分基本一致，其中"公平合理"维度的评分略高，"民主沟通"维度的评分略低，这也表明中小学教师对绩效考核工作的评价处于良好水平。

表 13　北京市中小学教师对绩效考核的评价情况

项目	平均分	标准差
整体评分	3.97	0.86
促进发展	3.96	0.89
民主沟通	3.92	0.95
准确可靠	3.98	0.90
尊重差异	3.98	0.89
公平合理	4.01	0.89

对不同群体的教师进行差异检验，进一步分析发现（见表 14），教师在学校所在区、所在地、性别、学科上没有显著性差异，而在学段、教龄段、

职称、是否干部、是否班主任、最高学历、最高荣誉上存在显著性差异。①
具体来看：①在学段上，小学教师在 5 个维度上的评分显著高于初中教师和
高中教师；②在教龄段上，"5 年及以内"教师的评分最高，"6~10 年"教
师的评分较高，"11~20 年"教师的评分较低，"21 年及以上"教师的评分
最低；③在职称上，初级职称教师的评分最高，显著高于中级职称和高级职
称教师，高级职称教师的评分最低；④在是否干部上，干部的评分显著高于
普通任课教师；⑤在是否班主任上，班主任的评分显著高于非班主任；⑥在
最高学历上，研究生学历教师的评分显著高于本科学历教师；⑦在最高荣誉
上，具有校级荣誉和尚无荣誉的教师评分，显著高于具有市级及以上荣誉和
区级荣誉的教师。

表 14　北京市中小学教师对绩效考核评价的群体差异

类别		促进发展	民主沟通	准确可靠	尊重差异	公平合理
学段 ***	小学	4.06	4.04	4.10	4.08	4.12
	初中	3.82	3.75	3.82	3.83	3.87
	高中	3.82	3.76	3.82	3.85	3.88
教龄段 ***	5 年及以内	4.19	4.15	4.21	4.21	4.23
	6~10 年	4.09	4.05	4.12	4.10	4.13
	11~20 年	3.92	3.87	3.95	3.96	3.99
	21 年及以上	3.84	3.79	3.85	3.85	3.89
职称 ***	初级	4.10	4.06	4.12	4.11	4.14
	中级	3.90	3.86	3.93	3.93	3.97
	高级	3.85	3.80	3.85	3.86	3.90

---

① 在学科类别上，分为"语数外"和"其他学科"。在职称类别上，由于选择"未评级"
"三级教师""高级教师"的教师数量较少，故将"未评级"、"三级教师"与"初级教师"
合并为初级，将"正高级教师"与"高级教师"合并为"高级教师"。在教龄段类别上，
依据孟繁胜等人对在职教师群体专业发展阶段的划分，即大体分为"新手型教师"（0~5
年）、"适应型教师"（6~10 年）、"熟手型教师"（11~20 年）和"专家型教师"（21 年及
以上）；见孟繁胜、曲正伟、王芳《不同阶段中小学教师发展需求比较分析》，《东北师大
学报》（哲学社会科学版）2017 年第 3 期。在最高学历类别上，选择"高中或中师、中专
及以下"（15 人）和"专科"（234 人）的教师数量较少，故将其设置为缺失值处理。

类别		促进发展	民主沟通	准确可靠	尊重差异	公平合理
是否干部***	普通任课教师	3.94	3.88	3.95	3.95	3.99
	干部	4.06	4.06	4.11	4.08	4.14
是否班主任***	是	4.00	4.00	4.02	4.02	4.06
	否	3.94	3.94	3.95	3.95	3.98
最高学历***	本科	3.95	3.91	3.97	3.97	4.00
	研究生	4.02	3.95	4.02	4.03	4.06
最高荣誉*	市级及以上荣誉	3.91	3.88	3.94	3.96	3.99
	区级荣誉	3.92	3.87	3.94	3.93	3.98
	校级荣誉	4.01	3.95	4.01	4.01	4.05
	尚无荣誉	3.98	3.95	4.01	4.00	4.03

注：* 表示 $P<0.05$，*** 表示 $p<0.005$。

（三）中小学教师绩效考核的实施效果

中小学教师对绩效考核实施效果的看法，关系到绩效考核工作的成败。罗列出 10 个选项，请北京市中小学教师至少选择 1 项，以便对绩效考核的实施效果做出判断。结果显示（见表 15）：①中小学教师对绩效考核的实施效果以正面评价为主，排名前 4 的选项均为正面评价，分别为"能够鼓励教师积极工作""能够促进教师的自身发展""营造学校积极向上的氛围""有助于提升教育教学质量"。这表明北京市中小学教师普遍对绩效考核评价较高。②北京市中小学教师对绩效考核产生负面影响的选择比例较低，6 个选项的选择比例在 1.9%～11.1%，其中选择"让大家更容易斤斤计较"和"教师之间出现不和谐"的人数较多，选择"导致教学质量降低"的人数最少。③需要注意的是，有 10.8% 的教师选择"没有什么效果（没有什么变化）"。

表15　北京市中小学教师对绩效考核实施效果看法的差异

单位：人，%

实施效果	人数	比重
能够鼓励教师积极工作	9520	59.8
能够促进教师的自身发展	7820	49.1
营造学校积极向上的氛围	6364	40.0
有助于提升教育教学质量	5791	36.4
让大家更容易斤斤计较	1762	11.1
没有什么效果（没有什么变化）	1713	10.8
教师之间出现不和谐	1529	9.6
没有促进教师的自身发展	1401	8.8
导致工作积极性降低	1295	8.1
导致教学质量降低	308	1.9

从不同学段来看（见表16），具体表现为：①小学、初中、高中教师都对绩效考核的实施效果以正面评价为主，选择排名前4的选项均为正面评价，而小学教师选择这4个选项的比例均高于初中和高中教师；②小学、初中、高中教师对绩效考核产生负面影响的比例都较低，而选择6个选项的初中教师比例均高于小学和高中教师；③小学、初中、高中教师选择"没有什么效果（没有什么变化）"均有一定的比例，高中和初中教师的比例高于小学教师。

表16　北京市中小学教师对绩效考核实施效果看法的学段差异

单位：%

实施效果	小学比例	初中比例	高中比例
能够鼓励教师积极工作	63.6	54.8	54.0
能够促进教师的自身发展	53.0	43.4	44.8
营造学校积极向上的氛围	44.2	35.0	33.2

实施效果	小学比例	初中比例	高中比例
有助于提升教育教学质量	39.4	32.4	31.9
让大家更容易斤斤计较	10.2	13.1	10.2
教师之间出现不和谐	9.0	11.2	8.7
导致工作积极性降低	7.6	9.5	7.8
没有促进教师的自身发展	7.5	11.5	9.1
导致教学质量降低	1.6	2.6	1.7
没有什么效果(没有什么变化)	9.4	12.3	13.0

(四)中小学教师绩效考核存在的问题及原因

1.中小学教师对绩效考核存在问题的看法

对于绩效考核存在的问题,请北京市中小学教师至少选择 1 项,结果见表 17。结果显示:①选择"没有什么问题"的教师比例最高,与认为绩效考核的实施效果以正向评价为主一致;②在绩效考核的存在问题上,教师选择最多的问题是"对考核方案内容和指标不了解""考核指标没有分岗位、分教师发展阶段设计""考核方案制定过程不公开透明""考核指标过于模糊,缺乏可操作性",选择比例在 10.3%～14.4%,这说明教师认为绩效考核在考核指标制定、考核过程公开透明等方面存在一定的问题。

表 17 北京市中小学教师对绩效考核存在问题的看法情况

单位:人,%

存在问题	人数	比重
没有什么问题	6455	40.5
对考核方案内容和指标不了解	2295	14.4
考核指标没有分岗位、分教师发展阶段设计	2251	14.1
考核方案制定过程不公开透明	1838	11.5
考核指标过于模糊,缺乏可操作性	1635	10.3

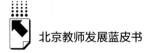
续表

存在问题	人数	比重
主要实施的是结果性评价,缺乏关于教师课堂教学的过程性评价	1457	9.1
考核主体(评价者)主观性强,考核结果不客观	1456	9.1
考核指标设定不科学,过于强调学生成绩	1414	8.9
考核方法过于单一,主要采用的是打分等量化工具,考核结果不准确	1411	8.9
教学效果只考虑当年不同教师的比较,没有看到与其他年份比较的增量	1322	8.3
考核主体(评价者)主要是干部,过于单一,缺乏师生及家长的多元参与	925	5.8
绩效考核存在不公平现象	836	5.2
考核指标没有体现学校发展目标	753	4.7
考核结果没有向教师反馈,没用来促进教师的发展	585	3.7
没有考核方案	503	3.2
考核结果不公开透明	479	3.0
制定的考核方案在实践中没有得到有效落实	428	2.7

从不同学段来看（见表18），具体表现为：①小学、初中、高中教师选择"没有什么问题"的比例都最高，其中，小学教师的选择比例明显高于中学教师；②在各个问题的选择上，中学教师比例均高于小学教师；③小学教师选择"考核指标没有分岗位、分教师发展阶段设计""对考核方案内容和指标不了解"的比例较高，而中学教师选择"对考核方案内容和指标不了解""考核方案制定过程不公开透明""考核指标没有分岗位、分教师发展阶段设计""考核指标过于模糊，缺乏可操作性""考核指标设定不科学，过于强调学生成绩""主要实施的是结果性评价，缺乏关于教师课堂教学的过程性评价""考核主体（评价者）主观性强，考核结果不客观""考核方法过于单一，主要采用的是打分等量化工具，考核结果不准确"8个选项的比例均较高，均超过10%，这说明中学教师对绩效考核工作的评价明显低于小学教师。

表 18　北京市中小学教师对绩效考核存在问题看法的学段比较

单位：%

存在问题	小学比例	初中比例	高中比例
没有考核方案	2.4	4.4	3.8
考核方案制定过程不公开透明	9.2	15.6	13.1
对考核方案内容和指标不了解	11.3	18.6	18.8
考核指标设定不科学,过于强调学生成绩	6.8	12.3	10.4
考核指标过于模糊,缺乏可操作性	9.0	12.3	11.6
考核指标没有分岗位、分教师发展阶段设计	13.5	16.1	12.8
考核指标没有体现学校发展目标	4.4	4.8	5.3
教学效果只考虑当年不同教师的比较,没有看到与其他年份比较的增量	8.1	8.5	8.4
主要实施的是结果性评价,缺乏关于教师课堂教学的过程性评价	7.3	11.4	12.1
考核主体(评价者)主观性强,考核结果不客观	7.8	11.1	10.6
考核主体(评价者)主要是干部,过于单一,缺乏师生及家长的多元参与	4.8	7.0	6.5
考核方法过于单一,主要采用的是打分等量化工具,考核结果不准确	7.7	10.3	10.3
考核结果不公开透明	2.3	4.1	3.4
绩效考核存在不公平现象	4.6	6.4	5.4
考核结果没有向教师反馈,没用来促进教师的发展	2.9	4.7	4.5
制定的考核方案在实践中没有得到有效落实	2.6	2.8	2.8
没有什么问题	46.9	32.2	31.5

2. 中小学教师对绩效考核存在问题的归因

对于绩效考核存在问题的原因，请北京市中小学教师至少选择 1 项，结果见表 19。结果显示：①选择"没有什么问题"的教师比例最高，与绩效考核存在问题的选择一致；②在存在问题的原因上，选择最多的是"关于教师绩效工资的政策文件多，而对于如何实施绩效考核的引领性文件少"，占总数的 23.8%，选择"还没形成干部、教师、学生、家长等多主体民主参与学校管理的治理体系""除学生成绩之外教师工作成果很难准确测量评价""对绩效考核认识存在误区，把绩效考核与绩效工资联系过于紧密，绩效考核的其他功能发挥有限"也较多，选择比例在 11.8%~15.6%。

表19　北京市中小学教师对绩效考核存在问题原因的看法

单位：人，%

存在问题的原因	人数	比重
没有什么问题	6524	41.0
关于教师绩效工资的政策文件多，而对于如何实施绩效考核的引领性文件少	3785	23.8
还没形成干部、教师、学生、家长等多主体民主参与学校管理的治理体系	2486	15.6
除学生成绩之外教师工作成果很难准确测量评价	1874	11.8
对绩效考核认识存在误区，把绩效考核与绩效工资联系过于紧密，绩效考核的其他功能发挥有限	1873	11.8
学校办学自主权不够	1273	8.0
教师绩效考核受中高考影响较大，过于关注学生成绩	1271	8.0
学校干部队伍领导力不足	1202	7.5
干部教师缺乏实施绩效考核的专业能力	1123	7.1
教育行政部门对学校的评价导向，学校领导维护稳定的需要	877	5.5

　　从不同学段来看（见表20），具体表现为：①小学、初中、高中教师选择"没有什么问题"的比例都最高，其中，小学教师的选择比例明显高于中学教师；②在存在问题的原因上，小学、初中、高中教师选择最多的都是"关于教师绩效工资的政策文件多，而对于如何实施绩效考核的引领性文件少"，选择比例均超过20%，且中学教师选择的比例明显高于小学教师；③小学、初中、高中教师选择"还没形成干部、教师、学生、家长等多主体民主参与学校管理的治理体系""对绩效考核认识存在误区，把绩效考核与绩效工资联系过于紧密，绩效考核的其他功能发挥有限"的比例都较高，且中学教师选择的比例都高于小学教师；④中学教师选择"除学生成绩之外教师工作成果很难准确测量评价""教师绩效考核受中高考影响较大，过于关注学生成绩"的比例也较高，体现出中学有中高考的学段特征。

表 20　北京市中小学不同学段教师对绩效考核存在问题原因的看法比较

单位：%

存在问题原因	小学比例	初中比例	高中比例
关于教师绩效工资的政策文件多，而对于如何实施绩效考核的引领性文件少	21.7	26.4	26.8
学校办学自主权不够	7.9	7.7	8.7
学校干部队伍领导力不足	6.5	8.9	8.5
还没形成干部、教师、学生、家长等多主体民主参与学校管理的治理体系	13.1	19.0	18.2
干部教师缺乏实施绩效考核的专业能力	6.1	8.3	8.2
对绩效考核认识存在误区，把绩效考核与绩效工资联系过于紧密，绩效考核的其他功能发挥有限	10.3	14.5	11.9
教育行政部门对学校的评价导向，学校领导维护稳定的需要	5.3	6.0	5.2
教师绩效考核受中高考影响较大，过于关注学生成绩	4.1	13.8	11.8
除学生成绩之外教师工作成果很难准确测量评价	9.3	14.8	15.5
没有什么问题	47.6	32.4	31.7

四　研究建议

（一）将上级指导文件和学校文件结合起来，更要发挥上级文件的指导作用

绩效考核是事关广大教师切身利益的重要事项。自 2008 年底《绩效考核指导意见》颁布以来，国家和地方层面出台的政策文件，多次提及加强教师绩效考核，特别是最近出台的《深化新时代教育评价改革总体方案》和《义务教育质量评价指南》对教师绩效考核的重要性和具体实施提出了建议，但是需要看到的是，仍缺乏有关教师绩效考核的指导文件。与之相应的是，自《绩效工资指导意见》颁布以来，虽然国家层面没有重大的文件出台，但是各级地方多次下发教师绩效工资的指导和改革文件。从北京市中小学教师对绩效考核存在问题的原因选择来看，有不少人选择

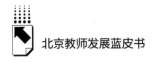

"关于教师绩效工资的政策文件多，而对于如何实施绩效考核的引领性文件少"。

建议政府在新时代特别是在"双减"政策背景下，出台教师绩效考核的指导意见。在政策文件中，明确教师绩效考核的评价属性，注重发挥绩效考核的发展性功能，有效促进教师的专业发展；用绩效管理代替绩效考核，将绩效管理设计成一个包括绩效计划、绩效实施、绩效考核、绩效反馈等环节的闭环系统；强化过程性评价，特别是课堂教学评价，通过评价提升中小学教师的课堂教学能力；强化、强调增值性评价，提出开展增值性评价的实施指南。

（二）将管理性考核与发展性考核结合起来，更注重发展性考核

教师绩效考核的概念是在《绩效工资指导意见》和《绩效考核指导意见》两个政策文件颁布之后，才被广泛采用的。但绩效考核不是突然生发出来，而是与之前的教师评价、教师评估等概念一脉相承的，只不过是突出了教师的绩效，将教师的绩效与工资紧密关联了起来。因此，绩效考核也应该与教师评价一样，既有管理性功能，也有发展性功能。绩效考核是保障教师发展和提高教育质量的一环，其结果无论是用在奖惩、晋升等管理性考核上，还是用在促进教师专业提升的发展性考核上，都是为了更好地提升教师队伍建设的质量，提高整体的教育质量。

当前，中小学过于强调了绩效考核的管理性，而忽视其发展性。做好发展性考核需要坚持4个原则：①发展性原则，绩效考核要面向全体中小学教师，旨在改善全体教师的绩效，促进每一位教师的专业发展；②诊断性原则，绩效考核具有鉴定和诊断的功能，应综合采用科学的方法诊断中小学教师的工作绩效，识别教师工作中的优缺点，找出症结所在，为中小学教师改进绩效提供有针对性的支持；③反馈性原则，绩效考核结束后要及时向中小学教师反馈考核结果，让每一位教师充分了解自己的绩效水平，并与教师一起制订出可操作性的改进计划；④民主性原则，绩效考核是一个由干部、教师、同事、学生、家长等多种治理主体共同参与的过程，确保信息收集的全

面性和客观性，并经常倾听中小学教师的声音，以此激发教师改善绩效的内在动机，促进教师自我发展的实现。①

（三）将终结性考核与过程性考核结合起来，更重视过程性考核

《深化新时代教育评价改革总体方案》指出，在教育评价中，既要关注结果性评价，又要强化过程性评价，积极探索增值性评价。因此，在中小学教师绩效考核中，要将终结性考核与过程性考核有机结合起来。在终结性考核中，要探索增值性考核，不仅要以中小学教师对学生成绩动态变化的实际贡献作为考核指标，还要关注中小学教师工作水平的进步程度。《义务教育质量评价指南》强调，要"注重结果评价与增值评价相结合"，关注"发展水平和工作水平的进步程度"。中小学教师工作水平的进步程度和努力程度，主要体现在中小学教师教育教学的过程中，也就是要对中小学教师教育教学过程进行考核。

重视过程性考核，特别是重视对课堂教学考核，可以借鉴美国田纳西州的教育经验。田纳西州在"First to the Top"计划基础上，将原有的"教师评价和专业成长框架"（Framework for Teacher Evaluation and Professional Growth，FEPG）升级为"田纳西州教育者促进模型"（Tennessee Educator Acceleration Model，TEAM）②。这个模型整合了多种评价方式，包括"课堂观察"（classroom observation）、"学生成绩"（student achievement）、"学生成长数据"（student growth data/Tennessee Value Added Assessment System）三方面，所占的权重分别是50、35、15。无论教龄还是任职状态，每一位老师都会被评价。教师评价的等级分为5种，分别是显著低于预期、低于预期、符合预期、高于预期、显著高于预期。课堂观察评价的标准包括高质量的教学、计划、课堂环境和专业水平。"专业型教师"（teachers with a professional license）每年被观察4次，其中包括2次15分钟观察和2次完整课时的观察。"新手型教师"（teachers with an apprentice license）每年被观察6次，包括3次15分

---

① 王斌华：《教师评价：绩效管理与专业发展》，上海教育出版社，2005。

② Tennessee Department of Education，"Teacher Evaluation in Tennessee：A Report on Year 1 Implementation，" 2012.

钟观察和 3 次完整课时的观察。课堂观察的评价者也是经过严格筛选出来的，每一年都需要通过 4 天的培训，并完成线上测试（请评价候选人在线上评价一节课，给出适当的评分，这个评分与总标准分数的差在上下 1 分之内；对每一个指标的评分至少与 75% 指标的标准分数的差在上下 1 分之内；对 8 道多选题至少选对 6 道），确保评价者的专业性。[①] 课堂观察平均分布在 2 个学期中，至少一半不提前告知。所有教师都会收到基于课堂观察的反馈，评价被用于人事决策，最重要的是，为改进教师效能提供专业发展方面的支持。

（四）将全面考核与关键绩效考核结合，更强调关键绩效考核

当前的绩效考核模式大多是"有什么考什么"。从考核指标的设计上来看，考核指标往往很全面，但容易脱离学校的发展目标，这样的考核实际上也是低效的。学校应该更多地关注与实现学校发展目标密切相关的关键绩效指标，将考核与学校发展有机结合起来。关键绩效指标是一种把组织的战略目标分解为可运作的愿景目标的工具，是组织绩效管理的基础。它坚持的是"要什么考什么"，具有计划性、系统性。[②]

建立学校和教师个人的关键绩效指标，可采用如下设计思路。第一，明确学校的发展目标是什么，通过 SWOT 分析法[③]深入分析学校在未来一段时间内的优势和不足，形成学校的发展愿景和目标；第二，通过工作分析，找出影响学校成功的关键业务；第三，利用头脑风暴和鱼骨图分析这些关键业务，确定学校层级的关键绩效指标；第四，分解关键绩效指标，形成部门和教师个人的关键绩效指标。强调教师个人的关键绩效指标，能够使教师明确教育教学的重点任务，使学校发展目标落到实处。[④]

① M. R. Moran, *Tennessee Educator Acceleration Model：Teacher Perceptions of One Policy Implementation*, Tennessee：University of Tennessee-Knoxville, 2013.
② 付亚和、许玉林：《绩效考核与绩效管理》，电子工业出版社，2009。
③ SWOT，S（strengths）指的是优势，W（weaknesses）指的是劣势，O（opportunities）指的是机会，T（threats）指的是威胁。
④ 宋洪鹏、赵德成：《把脉中小学教师绩效考核——基于绩效管理的视角》，《中国教育学刊》2015 年第 8 期。

热 点 分 析

Hot Spot Analysis Report

B.5

教师工作负担研究报告

北京教育科学研究院教师研究中心课题组 *

摘 要： 教师减负是当前基础教育领域的重点议题。教师负担过重，会导致教师压力增大，无益于教师身心健康，影响教师的可持续发展。对北京市 16 个区 14350 位中小学教师进行问卷调查，发现北京市中小学教师工作负担偏重。这些负担主要表现为：输入性负担，教师承接大量与教育教学无关的社会性事务；传导性负担，教师承受着日常教育教学中过重的任务性工作；评价性负担，教师承担着应对专业发展的形式化压力；派生性负担，教师在日常教育教学活动中承担着竞争环境所产生的压力。这些负担的产生与行政部门、教育部门、学校、教师、学生、社会等方面有密切的关系。为了减轻学校和教师的工作负担，提出如下建

* 北京教育科学研究院教师研究中心课题组成员，包括郝保伟、鱼霞、宋洪鹏、赖德信、李一飞。郝保伟，博士，北京教育科学研究院教师研究中心副研究员；鱼霞，博士，北京教育科学研究院教师研究中心研究员；宋洪鹏，博士，北京教育科学研究院教师研究中心助理研究员；赖德信，北京教育科学研究院教师研究中心副研究员；李一飞，北京教育科学研究院教师研究中心助理研究员。

议：各级政府建立综合治理机制，减少对学校教育不必要的干扰；各级教育行政部门依法依规施政，统筹推进教育改革；提高学校治理能力，营造和谐环境；提高教师工作效率；营造尊师重教、和谐、安静的社会大环境。

关键词： 教师工作负担　教师工作量　教师减负　中小学教师　北京市

一　研究背景

教师负担是一个老生常谈、常说常新的问题。在 2019 年全国教育工作会议上，时任教育部部长的陈宝生强调，2019 年要把教师减负作为一件大事来抓，将专门出台中小学教师减负政策，把时间和精力还给中小学教师，让教师舒心从教。2019 年 12 月，中共中央办公厅、国务院办公厅印发《关于减轻中小学教师负担进一步营造教育教学良好环境的若干意见》，要求各级政府和教育行政部门切实减轻中小学教师负担，为教师营造安心、静心的从教环境。北京市一直重视减轻中小学学校和教师负担，努力营造学校静心办学、教师安心从教的环境。2019 年，北京市教委积极贯彻落实"不忘初心　牢记使命"主题教育活动，以及专项整治工作的要求，积极回应解决老百姓关切的问题，扎实推进减轻中小学及教师承担的与教书育人无关的不合理工作负担的专项整治工作。2020 年 12 月，中共北京市委办公厅、北京市人民政府办公厅印发《关于减轻中小学教师负担进一步营造教育教学良好环境的若干措施》，旨在进一步营造全社会尊师重教的浓厚氛围，为教师安心、热心、舒心、静心从教创造更加良好的环境。

北京市中小学教师工作负担如何？有哪些不合理负担？教师工作负担产生的原因有哪些？对这些问题进行深入研究，为减轻北京市中小学教师工作负担，推动教师队伍建设提供决策参考。本报告撰写组梳理、整理国内外关于教师工作量、教师负担、教师工作现状、职业倦怠、工作压力、中小学办学环境等方面的研究成果，展开文献综述，为研究奠定坚实的基础。组织召开了一线中小学教师、中小学校长（书记）参加的系列座谈会，实施了在线问卷调查。在此基础上，对调研数据进行了深入分析，摸清一线中小学校和教师的实际工作负担状况，发现教师不合理负担的问题，并对问题背后的成因进行分析，提出切实减轻中小学教师不合理负担的政策建议。①

二 中小学教师工作负担表现

依据《2018—2019学年度北京教育事业发展统计概况》统计，全市中小学专任教师总数为123429人，本次调研抽样比例为10%。采取分层抽样和整群抽样相结合的方法，面向16个区和燕山地区发放电子问卷。本次调研共收到15644份问卷，其中有效问卷14350份，问卷有效率为91.73%。被试样本的人口学特征见表1。研究结果汇总如下。

（一）教师的基本工作情况

教师的基本工作情况，主要包括教师的任课门数（多数为1门）、每周课时数、所教班级的班额等。

1. 任教课程门数：77.12%的教师任教1门课

从北京市中小学教师所选择的任教课程门数来看，大多数教师任教1门课，占总数的77.12%，但也有超过20%的教师任教2门及以上课程（见图1）。

2. 周课时：中小学教师平均周课时为12节，小学教师平均周课时为14节

从北京市中小学教师所填写周课时数来看（见表2），教师们的平均周课时数为11.38节，标准差为4.28，中位数为12节。由于标准差大，所以教师的平均周课时数取中位数，即12节。分学段来看，小学教师的平均周课时数最多，平均为14节（取中位数），初中教师和高中教师的平均周课时数为10节（取中位数）。

---

① 本研究开展时间为2019年12月至2021年1月。

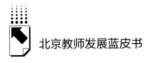

表1　北京市中小学教师被试样本的人口学特征

变量	组别	比例	变量	组别	比例
学校位置	城区	73.74%	最高学历	高中或中专及以下	0.24%
	镇区	18.24%		专科	1.78%
	乡村	8.02%		本科	80.82%
学校级别	小学	32.34%		研究生	17.16%
	初中	12.70%	职称	未评级	4.39%
	九年一贯制	10.70%		三级	0.67%
	高中	11.21%		二级	25.41%
	完全中学	25.03%		一级	41.00%
	十二年一贯制学校	8.03%		高级	28.39%
性别	男	21.22%		正高级	0.14%
	女	78.78%	年龄	25岁及以下	4.77%
教龄段	3年以下	8.39%		26~30岁	12.98%
	3~5年	7.23%		31~35岁	12.36%
	6~10年	12.52%		36~40岁	18.34%
	11~15年	11.53%		41~45岁	20.95%
	16~20年	15.75%		46~50岁	18.48%
	21~25年	20.21%		51~55岁	11.05%
	26~30年	15.11%		56岁及以上	1.07%
	30年以上	9.26%	职务	普通老师	81.16%
学科	语文	23.41%		教研组长	9.55%
	数学	20.36%		年级组长	3.69%
	英语	12.72%		中层干部	4.61%
	物理	5.67%		校级领导	0.99%
	化学	4.46%	班主任	是	35.58%
	生物	3.71%		否	64.42%
	历史	3.25%	荣誉称号	国家级荣誉	0.93%
	地理	3.33%		市级荣誉	6.55%
	政治	3.05%		区级荣誉	35.79%
	音乐(含舞蹈)	3.65%		尚无荣誉	59.23%
	美术(含书法)	4.24%			
	道德与法治	4.96%			
	信息技术、通用技术	3.00%			
	体育(体育与健康)	7.54%			
	心理健康教育	1.47%			
	科学	2.38%			
	劳动教育	1.37%			
	综合实践	2.19%			
	其他课程	4.69%			
	无	0.65%			

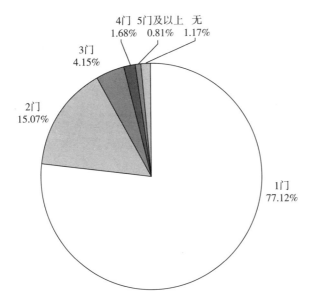

图1 北京市中小学教师任教课程门数比例

表2 北京市中小学教师周课时数

单位：节

	平均数	标准差	中位数
小学教师	13.40	4.32	14
初中教师	10.07	3.82	10
高中教师	10.27	3.55	10
所有教师周课时	11.38	4.28	12

3. 班数：76.35%的教师任教班数在2个及以上

从北京市中小学教师所选择的班数可知（见图2），任教2个班的教师比例最高，为38.42%，其次是任教4个及以上班的教师比例，占30.68%，任教1个班的教师比例也较高，占22.43%，其他的教师比例较低。汇总任教2个及以上班的数据可知，有76.35%的教师任教2个及以上班。

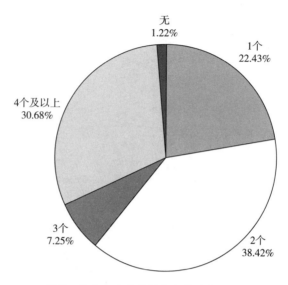

图2 北京市中小学教师任教班数比例

（二）教师工作时间：工作日在校工作时间和下班工作时间，以及假期工作时间

1.工作日每天工作时间约为11小时：在校工作时间约为10小时，下班后工作时间约为1小时；班主任工作时间长

从北京市中小学教师填答的有效数据可知（见表3），教师每天在校工作时间平均数为9.76小时，标准差为1.85，中位数为10小时，也就是说教师的在校工作时间约为10小时。教师下班工作时间平均数为1.57小时，标准差为0.90，中位数为1小时。由于标准差大，所以教师下班工作时间平均数取中位数，即1小时。从是否班主任的差异来看，班主任的在校工作时间（10.42小时）和下班工作时间（1.71小时）显著高于非班主任的工作时间（在校工作9.40小时和下班工作1.49小时）；从城乡教师差异来看，城区教师的在校工作时间（9.77小时）与农村教师的在校工作时间（9.75小时）没有显著性差异，但城区教师的下班工作时间（1.61小时）明显高于农村教师的下班工作时间（1.44小时）；从学段差异来看，中学教师的在

校工作时间（9.85小时）和下班工作时间（1.59小时）显著高于小学教师的工作时间（在校工作9.64小时和下班工作1.52小时）。

表3　北京市中小学教师工作日每天工作时间

单位：小时

	平均数	标准差	中位数
在校工作时间	9.76	1.85	10
下班工作时间	1.57	0.90	1

2.工作日在校各项工作内容所占时间：上课时间最多，其次是备课，接着是辅导学生、批改作业，非教学工作所占时间也很多

本报告将北京市中小学教师的工作日在校工作内容分为上课、备课、辅导学生、批改作业、午间管理、教研（培训、学习、课题研究）、家校沟通、非教学工作（如各种检查、评比等）、晚自习和其他等工作。教师将总数为100%的工作时间，分配到10项工作中（见表4）。由结果可知，上课时间最多，占总在校时间的22.84%；其次是备课时间，占总数的16.29%；接着是辅导学生和批改作业时间，占的比例也都超过了10%。虽然其他工作没有超过总在校时间10%的，但是非教学工作（如各种检查、评比等）所占时间也较多，占总数的9.12%。

表4　北京市中小学教师每天在校工作各项所占时间比例

选项	所占比例	标准差
上课	22.84%	13.9
备课	16.29%	8.99
辅导学生	11.31%	6.68
批改作业	11.24%	7.6
非教学工作（如各种检查、评比等）	9.12%	9.98
教研（培训、学习、课题研究）	8.38%	5.41
其他	7.56%	14.89

选项	所占比例	标准差
午间管理	5.70%	5.67
家校沟通	5.25%	5.17
晚自习	2.32%	4.56

3. 工作日下班时间工作内容：备课人数最多，其次为家校沟通和学习人数，非教学工作人数也占较高比例

从北京市中小学教师选择的数据来看（见图3），在备课、辅导学生、批改作业、学习、家校沟通、辅导教师、非教学工作7项工作中，选择下班后用于备课的教师比例最高，接近8成，其次是家校沟通和学习人数，分别占总数的52.59%和45.83%，选择非教学工作、批改作业、辅导学生的教师人数也有较高的比例。值得注意的是，近1/3的教师表示下班后要处理非教学工作。

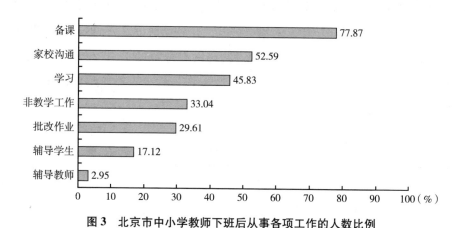

图3　北京市中小学教师下班后从事各项工作的人数比例

4. 假期工作时间：周末工作时间为3小时，暑假工作时间为10天

从北京市中小学教师所填答的数据可知（见表5），教师周末用于工作的时间平均数为3.65小时，标准差为3.04，中位数为3小时。由于标准差大，所以教师的平均周末工作时间取中位数，即3小时。教师暑假用于工作

的时间平均数为 12.50 天，标准差为 8.02，中位数为 10 天。由于标准差大，所以教师的平均暑假工作时间取中位数，即 10 天。

表5　北京市中小学教师假期用于工作的时间

	平均数	标准差	中位数
周末工作时间	3.65 小时	3.04	3 小时
暑假工作时间	12.50 天	8.02	10 天

（三）教师对工作的应对情况

1. 突发事件：绝大多数教师表示很少发生，或即使发生也能够正常应对

对于北京市中小学教师应对突发事件的情况（见图4），选择最多的选项是"很少"，人数超过总数的一半；其次是"可正常应对"，选择此项的教师比例也很高，占总数的 43.72%；选择"很多，无法应对"的教师人数比例很低。由此可知，绝大多数教师表示突发事件很少，或者即使发生也能够正常应对。

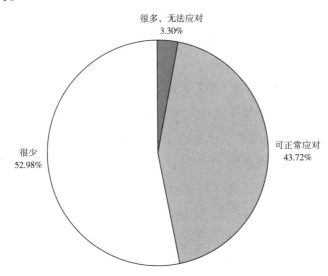

图4　北京市中小学教师对突发事件的应对情况

2.家校沟通：绝大多数教师表示能正常应对

对于北京市中小学教师应对家校沟通的情况（见图5），选择最多的选项是"正常应对"，人数占总数的85.43%；认为"已成为负担，须减少"的教师人数占一定的比例，为10.04%，选其他选项的人数所占比例较低。由此可知，绝大多数教师表示能够正常应对家校沟通情况。

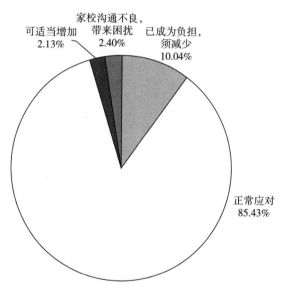

图5 北京市中小学教师对家校沟通的应对情况

3.指导学生社团等：绝大多数教师表示能正常应对或很少指导

对于北京市中小学教师应对指导学生社团等的情况（见图6），选择最多的选项是"可正常应对"，人数占总数的72.66%；其次是表示"很少参加"的教师，人数占总数的17.64%；选择"很多，无法应对"的教师也有一定的比例，为8.49%；选"可适当增加"的教师，所占比例较低。由此可知，绝大多数教师能够正常应对或很少指导学生社团等。

4.参加教研：绝大多数教师表示能正常应对

对于北京市中小学教师应对参加教研的情况（见图7），选择最多的选项是"可正常应对"，人数占总数的87.52%；选择"很多，无法应对"的

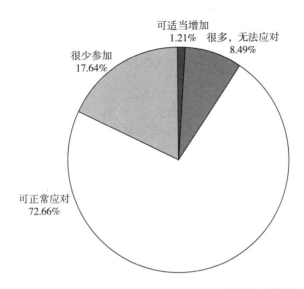

图6 北京市中小学教师对指导学生社团等的应对情况

教师人数，也占一定的比例，为8.03%；选其他选项的人数所占比例较低。由此可知，绝大多数教师表示能够正常应对教研情况。

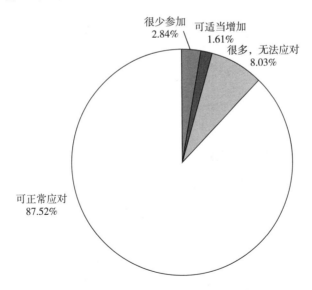

图7 北京市中小学教师应对教研的情况

5. 参加培训：绝大多数教师表示培训情况正常或可以应对

对于北京市中小学教师应对参加培训的情况（见图8），选择最多的选项是"正常，不影响工作"，人数占总数的52.55%；选择"量多，可以应对"的教师人数，比例也较高，占总数的31.62%；选择"很多，影响正常教学工作"的教师人数也占一定的比例，为11.69%；选择"很少参加"选项的教师人数所占比例较低。由此可知，绝大多数教师表示培训情况正常或可以应对。

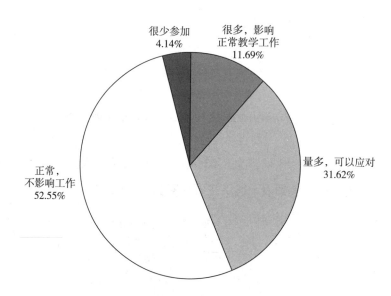

图8　北京市中小学教师应对培训的情况

6. 迎接检查评比：大部分教师表示量多但能正常或可以应对，但也约有3成的教师表示影响正常的教学工作

对于北京市中小学教师应对迎接检查评比的情况（见图9），选择最多的选项是"正常，不影响工作"，人数占总数的37.13%；选择"量多，可以应对"的教师人数比例较高，占总数的31.74%。值得注意的是，选择"量多，影响正常教学工作"的教师人数比例也较高，近3成，为28.49%；选择"很少参加"选项的教师人数所占比例较低。由此可知，大部分教师

表示迎接检查评比较多但是能够正常或可以应对，同时也约有 3 成教师表示检查评比量多，且已经影响正常的教学工作。

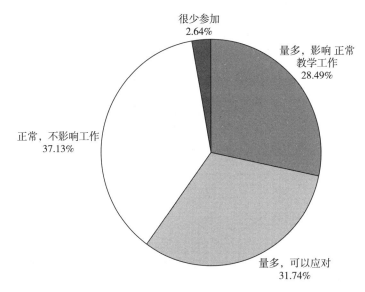

图 9 北京市中小学教师应对检查评比的情况

7. 个人参加比赛: 7 成以上的教师表示能够应对

对于北京市中小学教师应对个人参加比赛的情况（见图 10），选择最多的选项是"正常，不影响工作"，人数占总数的 48.45%；选择"量多，可以应对"的教师人数比例较高，占总数的 22.85%；选择"很少参加"和"量多，影响正常教学工作"的教师人数比例也较高，分别占总数的 19.06% 和 9.64%。由此可知，7 成以上的教师表示能够应对个人参加比赛的情况。

8. 指导学生参加比赛: 7 成以上的教师表示能够应对

对于北京市中小学教师应对指导学生参加比赛的情况（见图 11），选择最多的选项是"正常，不影响工作"，人数占总数的 53.28%；选择"很少参加"的教师人数比例较高，占总数的 22.79%；选择"量多，可以应对"教师人数的比例也较高，占总数的 18.66%。由此可知，7 成以上的教师表示能够应对指导学生参加比赛的情况。

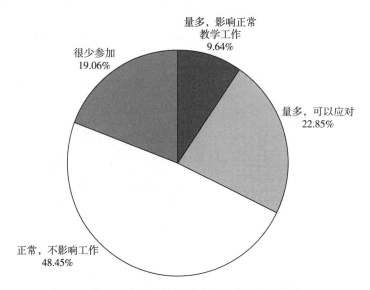

图10　北京市中小学教师应对个人参加比赛的情况

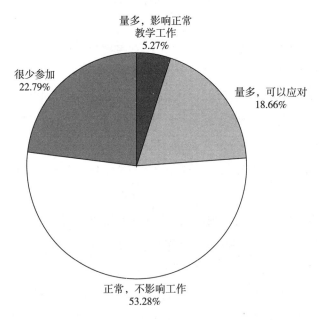

图11　北京市中小学教师对指导学生参加比赛的应对情况

（四）教师对工作量的评价

1. 工作量评价：绝大多数教师认为工作量多，能勉强或正常应对

对于北京市中小学教师对工作量的评价（见图12），选择最多的选项是"比较多，勉强应对"，人数占总数的46.31%；选择"能正常应对"的教师人数比例较高，占总数的41.71%；选择"非常多，难以应对"的教师人数也占一定的比例，占总数的11.16%。由此可知，绝大多数人表示工作量较多，但能勉强或正常应对。

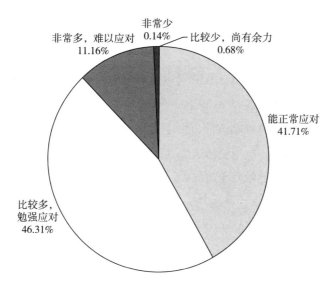

图12 北京市中小学教师对工作量的评价情况

2. 工作量变化：大多数教师表示有所增加或明显增加

对于北京市中小学教师近几年工作量的变化情况（见表6），选择最多的选项是"有所增加"和"明显增加"，人数分别占总数的38.49%和32.51%；选择"基本没变"的教师人数比例较高，占总数的24.38%；选择其他选项的比例较低。对于最近几年与教学无关的工作量变化情况，选择最多的选项是"有所增加"，人数占总数的39.32%；其次是选择"基本没变"的教师，人数占总数的27.87%；选择"明显增加"的教师人数也有较

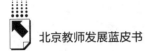

北京教师发展蓝皮书

高的比例，占总数的 26.23%；选择其他选项的教师人数比例较低。由此可知，无论对近几年工作量变化，还是对近几年与教育教学无关的工作量变化，都有大部分教师表示工作量有所增加或明显增加。

表6　北京市中小学教师近几年来工作量的变化情况

单位：人，%

		明显减少	有所减少	基本没变	有所增加	明显增加
近几年工作量变化	人数	81	583	3498	5523	4665
	比例	0.56	4.06	24.38	38.49	32.51
近几年与教育教学无关工作量变化	人数	163	780	4000	5643	3764
	比例	1.14	5.44	27.87	39.32	26.23

3. 应对繁杂工作的策略：教师表示应对能力一般，超过一半的教师表示不确定有策略或没有策略

在应对繁杂工作的策略方面，由李克特5点计分法评价可知，平均分为3.37，标准差为0.99，表明教师认为自己在应对繁杂工作策略上的能力一般。从北京市中小学教师选择的选项可知（见表7），选择"不确定"选项的人数最多，占总数的35.53%；选择"比较同意"选项的人数比例为31.65%；选择"比较不同意"和"非常同意"选项的人数也占一定的比例，分别为17.16%和13.46%。汇总数据可知，选择"不确定"和"比较不同意"的人数比例超过一半，高于选择"比较同意"和"非常同意"两项人数的比例，说明一半以上的教师表示自己不确定有或没有应对繁杂工作的策略。

表7　北京市中小学教师应对繁杂工作策略的情况

单位：人，%

选项	人数	比例
非常不同意	316	2.20
比较不同意	2462	17.16
不确定	5098	35.53
比较同意	4542	31.65
非常同意	1932	13.46

4. 照顾家人的时间精力：教师表示时间精力少，有超过7成的教师表示有比较少和非常少的时间精力照顾家人

在教师照顾家人的时间精力方面，由李克特5点计分法评价可知，平均分为2.02，标准差为0.84，表明教师认为照顾家人的时间精力较少。从北京市中小学教师的选项可知（见表8），选择"比较少"和"非常少"的选项人数较多，合计占总数的70.63%；选择"一般"选项的人数也有较高的比例，为26.54%；选择其他选项的比例较低。由此而知，超过70%的教师表示照顾家人的时间精力比较少和非常少。

表8 北京市中小学教师照顾家人的时间精力情况

单位：人，%

选项	人数	比例
非常少	4349	30.31
比较少	5786	40.32
一般	3809	26.54
比较多	352	2.45
非常多	54	0.38

5. 适当减少的工作：绝大多数教师认为可以减少迎接各种检查、撰写各种教育教学之外的材料、参加各种评比和比赛等工作

对于适当减少的工作（见图13），要求北京市中小学教师至少选择1项，选择最多的选项是"迎接各种检查"，占总数的92.38%；其次是"撰写各种教育教学之外的材料"和"参加各种评比和比赛"两项，分别占总数的81.86%和71.08%；选择"组织或指导学生社团、社会实践、课外活动"和"培训"选项的教师人数比例也较高，都接近4成；其他选项教师人数比例较低。由此可知，绝大多数教师认为可以适当减少迎接各种检查、撰写各种教育教学之外的材料、参加各种评比和比赛等工作。

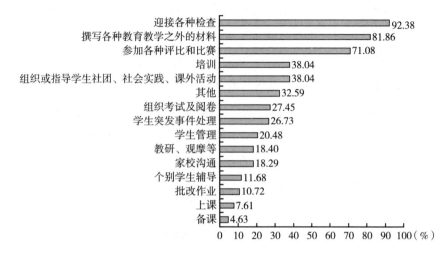

图13　北京市中小学教师对于可以适当减少工作的选择情况

（五）教师的工作压力

1. 工作压力来源：超过6成的教师认为是学生成绩和各种检查评比

对于工作压力来源（见图14），要求北京市中小学教师至少选择1项，选择最多的选项是"学生成绩"，占总数的65.20%；其次是"各种检查评比"选项，占总数的63.41%；选择"学生安全""职称晋升""学生管理""专业发展""各种比赛竞赛"的人数比例也较高，在30%~45%；选择其他选项的人数较少。由此可知，超过60%的教师认为工作压力源是"学生成绩"和"各种检查评比"。

2. 压力大的原因：超过一半以上的教师认为是学生不好管，家长和社会各界对教师的高要求、高期望，工作量大，超负荷工作

对于工作压力大的原因（见图15），要求北京市中小学教师至少选择1项，选择最多的选项是"学生不好管、不敢管"，占总数的63.97%；其次是"教育行政部门和学校对教师的要求不断提高""家长和社会各界对教师的要求高期望高""工作量大，超负荷工作"，其比例都占总数的一半以上；选择"以学生成绩为主的考核评价体系""检查评比多"的人数比例也较

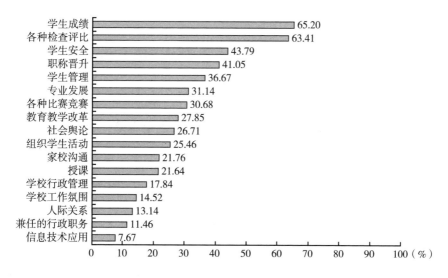

图14　北京市中小学教师的工作压力来源情况

高，分别是 49.46% 和 42.07%；选择其他选项的人数较少。由此可知，超
过一半以上的教师认为工作压力大的原因是学生不好管、不敢管，教育行政
部门和学校对教师的要求不断提高，家长和社会各界对教师的要求高期望
高，工作量大，超负荷工作。

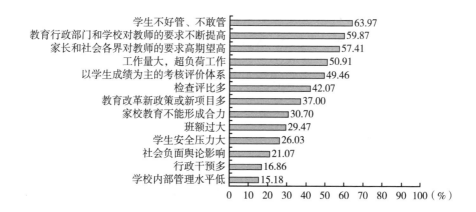

图15　北京市中小学教师压力大的原因

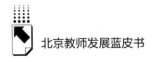

（六）教师的身心健康状况

1.心理压力：教师认为心理压力大，超过6成的教师选择压力比较大或非常大

在教师心理压力方面，由李克特5点计分法评价可知，平均分为2.31，标准差为0.78，表明教师心理压力大。从北京市中小学教师选择的选项可知（见表9），选择心理压力"比较大"的人数最多，占总数的46.33%；选择"一般"的人数比例为35.94%；选择"非常大"的人数也占一定的比例，为13.87%。汇总选择"比较大"和"非常大"的人数比例可知，有60.2%的教师认为心理压力比较大或非常大。

表9　北京市中小学教师的心理压力情况

单位：人，%

选项	人数	比例
非常大	1990	13.87
比较大	6649	46.33
一般	5158	35.94
比较小	409	2.85
非常小	144	1.00

2.睡眠质量：教师认为睡眠质量较差，近9成的教师认为睡眠质量"一般"或差

在教师睡眠质量方面，由李克特5点计分法评价可知，平均分为2.50，标准差为0.90，表明教师睡眠质量较差。从北京市中小学教师选择的选项可知（见表10），选择心理压力"一般"的人数最多，占总数的41.51%；其次是选择"比较差"的人数比例，为33.11%；选择"非常差"的人数也占一定的比例，为14.35%。汇总数据，选择"比较差"和"非常差"的比例，接近50%，远超过选择"比较好"和"非常好"的人数比例（合计11.02%）。这说明近9成教师认为自己的睡眠质量一般或差。

表10 北京市中小学教师的睡眠质量情况

单位：人，%

选项	人数	比例
非常差	2059	14. 35
比较差	4752	33. 11
一般	5957	41. 51
比较好	1401	9. 76
非常好	181	1. 26

3. **身体健康状况：教师认为身体状况较差，近9成的教师认为身体状况"一般"或差**

在教师身体健康方面，由李克特 5 点计分法评价可知，平均分为 2.68，标准差为 0.78，表明教师认为自己的健康状况较差。从北京市中小学教师选择的选项可知（见表 11），选择健康状况"一般"的人数最多，占总数的 51.82%；选择"比较差"的人数比例，为 30.22%；选择"比较好"的人数也占一定的比例，为 10.28%。汇总数据可知，选择"比较差"和"非常差"的人数比例（合计 37.01%）远超过选择"比较好"和"非常好"（合计 11.17%）。这说明近 9 成教师认为自己的身体状况一般或差。

表11 北京市中小学教师的身体健康状况

单位：人，%

选项	人数	比例
非常差	974	6. 79
比较差	4337	30. 22
一般	7436	51. 82
比较好	1475	10. 28
非常好	128	0. 89

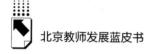

4. 每周锻炼身体时间：超过8成的教师每周锻炼身体时间在2小时以内，超过2成的教师没有锻炼身体

对于每周锻炼身体时间情况（见图16），北京市中小学教师选择最多的选项是"无"，人数占总数的24.03%；选择"1~2小时"、"0.5~1小时"和"0.5小时及以内"的教师人数，分别占总数的19.97%、19.73%和18.91%；选择"3~4小时"的教师人数也占一定的比例，占总数的10.04%；选择其他选项的比例较低。由此可知，82.64%的教师每周锻炼身体时间在2小时以内，其中，24.03%的教师没有锻炼身体。

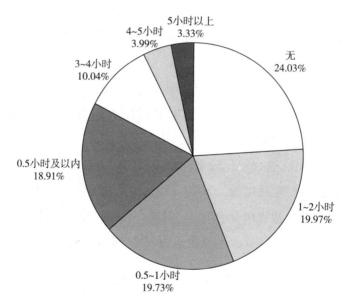

图16　北京市中小学教师每周锻炼身体时间情况

5. 每天下班后的状态：超过8成的教师表示"比较疲惫"或"筋疲力尽"

对于每天下班后的状态（见表12），选择最多的选项是"比较疲惫"，人数占总数的53.75%；选择"筋疲力尽"选项的人数，占总数的31.32%；选择"一般"的教师人数也占一定的比例，为总数的13.14%；选择其他选项的人数比例较低。由此可知，85.07%的教师认为每天下班后的状态是"比较疲惫"或"筋疲力尽"。

表 12　北京市中小学教师每天下班后的状态

单位：人，%

选项	人数	比例
筋疲力尽	4494	31.32
比较疲惫	7713	53.75
一般	1886	13.14
轻松愉快	234	1.63
精力充沛	23	0.16

（七）教师对工作的评价

1. 工作满意度：2/3 的教师表示"一般"或不满意

在对工作满意度方面，由李克特 5 点计分法评价可知，平均分为 3.13，标准差为 0.91，表明教师认为工作满意度一般。从教师选择的选项可知（见表 13），选择健康状况"一般"选项的人数最多，占总数的 45.56%；选择"比较满意"选项的人数比例为 29.87%；选择"比较不满意"的人数也占一定的比例，为 14.55%。汇总数据可知，选择"一般"的比例最高（近一半），选择"比较满意"和"非常满意"的比例约为 1/3，这说明有 2/3 的教师表示工作满意度"一般"或不满意。

表 13　北京市中小学教师对工作满意度的情况

单位：人，%

选项	人数	比例
非常不满意	817	5.70
比较不满意	2088	14.55
一般	6538	45.56
比较满意	4286	29.87
非常满意	621	4.33

2.教师职业再选择：意愿不高，超过6成的教师选择"一般"或不愿意

在职业再选择时依然会选择教师职业方面，由李克特5点计分法评价可知，平均分为2.95，标准差为1.15，表明教师认为职业再选择时选择教师职业的意愿较低。从教师选择的选项可知（见表14），选择"一般"选项的教师人数最多，占总数的32.34%；选择"比较愿意"选项的教师比例为26.52%；选择"比较不愿意"和"非常不愿意"的教师也占一定的比例，分别是19.87%和13.44%。汇总数据，选择"一般"的教师比例最高，选择"比较不愿意"和"非常不愿意"的比例（合计33.31%）与选择"比较愿意"和"非常愿意"的比例（合计34.35%）相当，这说明很多教师如果再选择职业依然会选择教师的意愿不高。

表 14　北京市中小学教师职业再选择时依然会选教师的情况

单位：人，%

选项	人数	比例
非常不愿意	1929	13.44
比较不愿意	2851	19.87
一般	4641	32.34
比较愿意	3805	26.52
非常愿意	1124	7.83

（八）小结

①每天工作时间长，明显多于《劳动法》规定的8小时，超负荷工作，尤其是班主任，他们的工作时间更长。

②迎接检查、撰写各种教育教学之外的材料、参加各种评比和比赛等工作量大，对教师的正常教学工作有所干扰，尤其是检查评比给教师带来很大的压力，大多数教师认为应当减少此类工作量。

③教师工作量较大，近年来还在不断增加，很多教师应对能力不足，缺

乏策略。

④教师负荷较大、负担较重，这给教师的身心健康带来了负面影响，表现为心理压力较大，下班后身心疲惫，睡眠质量不高、身体状况较差等。

⑤教师负担较重、压力较大，教师对工作满意度较低。

三 中小学教师负担偏重问题及原因分析

（一）教师负担重存在的问题与表现

教师工作负担是指教师在学校教育工作中所承担的教育责任、教育工作与职业压力，以及由此所付出的代价等。不合理的教师负担，一方面体现为教师承担了许多与教学科研无关的事务，另一方面也体现为教师承担了很多看似与教育教学有关，实际上对教育教学没有促进作用，甚至还有消极影响的任务和工作。根据这些任务和工作的特征，可以分为以下 4 个层面的问题。

1. 输入性负担：教师承担大量与教育教学无关的社会性事务

教师承担了政府部门布置给学校的各类大量与教育教学无关的社会性事务。比如，宪法宣传进校园、禁毒进校园、地质灾害知识进校园、防治艾滋进校园、扫黑除恶进校园、社会性考试进校园，等等。这些工作和事务原本与教育无关、与学校无关、与教学无关，但是通过政府行政性要求输入了学校，占用了教师的专业活动时间，耗费了教师的精力，削弱了他们的教育教学业积极性。

2. 传导性负担：教师在日常教育教学中承担过重的任务性工作

教师在日常工作中所承担的任务性工作，具体为如下几种：其一，各种报表，包括财务、党统、安全、卫生、统计、摸底备案、资产等；其二，各类报告，包括月报、活动总计、自查报告、体质美育等评估报告等；其三，填写各类系统测评，包括北京市教师管理服务平台、答题、民主测评等；其四，各类征文，包括典型经验、优秀成果、案例评选等；其五，各种申报，比如比赛、工作坊、课题申报等。填表多、比赛多、申报多，让教师们在时

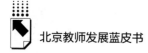
间安排上呈现紧张的状态，精力上不济。上级行政部门对教育教学过多的评估、检查、督导、会议和培训等，通过政府主管部门、教育主管部门层层贯彻、逐级布置、层级检查，最后传导到学校、年级和教师。这样的负担，让教师看起来工作认真、忙忙碌碌，实际上让他们陷入了琐事之中，产生厌倦、低效的疲劳应对情绪，挤占了正常的备课、教学以及指导学生成长的时间和精力。这些负担常常背离了教师真实的发展意愿，产生内在的抵触情绪，降低着职业的获得感和成就感。

3. 评价性负担：教师承担着应对专业发展的形式化压力

教师承担着各种压力，其中，在为突破自身专业发展方面，面临的压力尤为突出。具体表现为，教师为完成外在的专业发展任务付出大量的精力和心力。比如，教师为了评上职称，需要申请各种课题，撰写、发表论文，参加各种教学比赛，并以所取得的各种比赛、考核奖项等为支撑。中小学职称的评定、教师薪酬的提升是基于各种外在证书的获取的，而这些证书往往需要通过一些明显带有功利性、目的性的行为去获取。这种对外在的专业发展证明符号的适度争取，原本具有一定积极性价值，但当这种追求和竞争激烈化、极端化时，就出现了形式化、表层化的专业发展特征。其直接的结果是，扭曲了专业发展的底色、异化了专业活动的内涵，挫伤了教师专业发展的积极性。

4. 派生性负担：日常教育教学活动中的竞争环境使教师过于劳累

教师在职业生涯中，并不总是一帆风顺的，而是充满各种挑战和竞争。教师为了提高学生成绩，改善学生管理绩效，往往需要付出超负荷的努力和精力。在当下中高考体制和升学压力下，广大中小学教师不但要面对家长的高期待、教育行政部门的高要求，而且还要面临学校的绩效考核、同事的竞争压力，特别是面对学校的各类与绩效挂钩的奖惩制度。因此，为了满足家长和教育部门的期待，改进教学效果，完成学校绩效考核目标，教师们往往会不自主地加班加点工作，竞争性努力和紧张性忙碌就成为了常态，这让教师们长期处于忙碌、焦急，甚至是紧张的压力之中，这种环境制约着教师的专业发展和内在的专业体验。

（二）教师负担偏重的原因分析

1. 行政部门方面

（1）教师政策法规对教师工作时间没有做出明确规定

国家教育政策以及法律法规对中小学教师的工作时间、工作量及工作压力等都没有做出明确规定，各地中小学在落实中央颁布的政策文件时，由于没有具体、可参照的政策依据，使得教师合法权益未能很好地得到保护，"超时工作""干职责外的事"等已成为中小学教师工作的常态。在一些欧美国家，对于教师工作负荷量和临界点都有明确的规定，并受到教师工会的监督和保护。我国目前既没有相关的明确规定，也没有建立相关的监测、评估机制。因此，想要从根本上减轻中小学教师工作负担，健全、完善与教师相关的政策是关键。

（2）深入推进教育改革给教师带来了挑战

随着教育改革不断深化，教师作为教育改革的直接参与者和实践者承担了更多责任，接受了更多的挑战。一是教师要不断更新教育理念。教育改革彰显素质教育的理念，要求教师要以学生为本，关注学生差异性，尊重学生人格，培养学生全面发展。二是教师要不断提升教育教学能力。教育改革也给教师的专业素质提出了更高要求。新课程改革推行"自主、合作、探究"的教学方式，倡导以学生为主的教学方法，这就要求教师要用全新的教学方式激发学生的学习积极性，使每个学生都能充分发展。三是教师要转变角色。教育改革要求教师不断转变角色，由传统的知识传授者向学生学习的促进者转变，并强调师生平等，这就需要教师创设平等、和谐的课堂学习氛围。

2. 教育部门方面

（1）应试教育指挥棒仍然发挥作用，给教师带来了负担

党的十九届四中全会明确提出"构建服务全民终身学习的教育体系"，进一步强调"深化教育领域综合改革"，凸显了新时代深化教育领域综合改革对推进教育制度建设和治理能力建设的重大意义。教育评价是教育治理的

重要手段和方式，有什么样的评价标准，就有什么样的办学导向。随着教育综合改革的深入，素质教育改革取得了积极成效，但是从实际上来看，仍然有不少教育行政部门以升学率来评判和管理学校。对教师压力来源的调查结果显示，有49.46%教师认为"以学生成绩为主的考核评价体系"成为他们工作压力之一。应试教育指挥棒仍然发挥作用，难免会在校际和教师间造成竞争，这种升学率和分数的竞争，会转化成教师间的生存竞争，这往往会使得教师加班加点去搞题海战术，加重了教师的工作负担。

（2）频繁的课程改革让教师承担了更多的工作内容

首先，新课程改革后，新教材内容变化给教师带来了负担。为了配合新课程改革，新教材内容多、容量大、知识点广、难度偏大，作为一线的普通教师要高质量地完成教学任务，有较大难度。其次，新课程改革后，教学能力和教学方法的高要求给教师带来了负担。目前，仍有一部分教师对新课程改革的理念认识不到位，特别是一些老教师习惯传统的教学方法，对新教学方法难以适应。新教材知识点多、涉及面广、内容丰富，要求教师有更强的驾驭课程的能力，这恰恰是大多数教师所欠缺的。有些教师无法在规定的40分钟课堂内，有效地完成教学计划内容，为此需要通过补课来完成教学任务，教师不但自己受累，还给学生带了负担。课改推行"自主、合作、探究"的教学方式，倡导以学生为主的教学方法，要求比较高，由于探究、合作学习受到时间、空间等条件约束，教学效果不甚理想，尤其在农村地区学校，学习资源相对匮乏，即使一些先进教学方法也难于实施，课堂上仍然是教师在唱"独角戏"，这给教师带来较大的负担。最后，随着新课程改革所推行的国家、地方和校本三级课程的实施，教材数量也相应增加，但是受学校师资力量不足的限制，特别是农村学校，一些小学科专业教师数量紧缺，从而使得教师不得不身兼数职，甚至是跨学科任教，承担多个班级的教学任务，这导致教师备课压力大，工作负担重。

（3）各种频繁督查评比活动给教师带来了负担

学校每学期频繁地接受各种督查评比活动。调查数据显示，督查评比活动内容主要包括检查、督导、评比、视导、调研和领导视察6个方面，其中，各类检查最多，占总数的 55.4%。进一步分析显示，这些督查评比活动大部分来自市、区教委和教工委及区督导室，占总数的 75.23%。大部分教师认为迎接检查评比方面的工作量尽管多，还能够正常或可以应对，但也有约 3 成的人认为此类活动影响正常的教学工作。以检查为例，各种检查活动包含安全、卫生、学生质量、师德师风、财务、档案、普通话，等等。一旦接受各种检查任务，上级检查部门就都要求学校提交各种证明材料和自查报告，为此，学校需要提前撰写各种自查报告，准备会议材料，这些任务，学校一般都会转交给各部门、各个年级组或学科组，甚至落实到班主任和任课教师头上。虽然检查、评比、督导、考核等活动对维持学校发展、提高教育教学质量具有促进作用，但频繁的、不必要的、重复性的、无实质意义的非教学任务，对学校和教师来说，只是一种沉重的外在负担。这不仅严重影响了学校教育教学工作的正常开展，扰乱了学校及教师的教育教学工作，而且还不利于学校和教师的健康发展。

（4）名目繁多的各类培训、会议给教师带来了负担

中小学教师需要参加各种培训和会议的数量比较多，过度或无效的培训往往会给教师带来了负担。调查结果显示，中小学教师参加各类培训的数量占培训和会议总数的 82.98%。参加培训是教师提升专业发展的主要路径，为了提升教师队伍素质，提高教师专业水平，我国各级教育行政部门要求在职中小学教师进行继续教育学习，并对学分进行了要求和规定。除了继续教育学习外，中小学教师还需要参加其他种类繁多的培训，比如，新教师培训、骨干教师培训、开放性实践活动培训，以及上岗培训和各种专项培训，等等。各种培训不仅要求教师必须参加，而且还与聘任、晋级、评优等挂钩。尽管有些培训内容枯燥、形式单调、效果不理想，但中小学教师不得不参加，只好疲于应付，这也给教师带来了负担。

3. 学校方面

（1）不科学的教师评价给教师带来了负担

现行教师评价的功能主要是鉴定分等、奖优罚劣，它更多地着眼于教师个人的工作表现，一些学校甚至用学生的考试成绩或升学率直接作为评价教

师的唯一指标。在这种评价机制的驱使下，为了获得领导、同事、社会、家长的认可，以及获取职晋升、职务升迁的机会，甚至为了获得奖金和表扬，教师会拼命加班加点，搞题海战术，限制了学生其他方面的发展。这种教师评价体系是应试教育的直接产物，使片面追求升学率的倾向得以强化和固化。同时，现行教师评价还忽视教师的个体差异，用统一的标准、规范要求具有不同教学风格和方法的教师，不但抹杀了教师的个性，而且也不利于教师的专业化成长和学校特色的创建。教师评价应更多注重"评价过程"和"评价结果"，较少关注"为什么评价"以及"根据什么科学指标来评价"等问题。无论规范性评价，还是鉴定性评价，都由学校领导层决定，并直接指向教师所教学科的成绩，并且将量化考核、综合评定、分等排序作为评判优秀、选拔先进、晋升职称、发放奖金的依据。这种自上而下的缺乏教师参与的评价制度，更加注重的是如何分析和制约教师，而不是如何引导和鼓励教师，把教师置于一种被监督、被管制的地位，这导致教师具有严重的心理负担。

（2）学校内部管理缺乏效率和有效手段给教师带来了负担

学校办学规模有大有小，即使是规模较小的学校，也仍然是社会的一个小小缩影。校园涉及教师和学生的工作、学习和生活的方方面面，甚至承担了可由社会第三方机构承担的职责和任务。比如，学生卫生保健，保健教师要给学生打预防针；午餐管理，班主任和任课教师要替学生汇总餐费，帮助学生充饭卡，给学生分发午餐并看管学生用餐，等等。这些事务虽小，却占用了班主任和相关教师午休时间，给教师带来了负担。如果学校在管理上能够再进一步梳理相关事务，整合相关职能部门，比如，有一定规模学校可以专门成立学生事务中心、后勤中心等，将这些涉及非教学活动事务完全交给专门人员负责，就可以提高管理效率，节省出专任教师时间，减轻教师负担。

4. 教师方面

（1）教师自身缺乏专业发展内驱力而带来了负担

当前，往往一部分中年教师群体，在教学上积累了丰富的经验，已经评上了高级职称，却在专业发展上步入了高原期。随着工作时间的增加和内容的重复，教师对教学工作产生职业倦怠感，教师本身对做教师这个行业不够热情，以谋生为手段的职业心态来对待，在人生规划方面普遍缺乏相应的意识和思考，得不到成就感，在适应竞争压力、家长期望以及工作质量方面存在力不从心的现象，甚至选择了应付和逃避。出现这些现象的原因就在于教师缺乏内驱力。内驱力是教师的专业化发展水平的一个决定性的因素。如果没有内驱力，即使一个教师的功底再深，条件再好，也不会走向成功。因此，个人内驱力的大小，直接决定着个人发展的成败。缺乏内驱力的教师视教师专业发展为工作负担。

（2）低效的时间管理、不良的心态带来了教师负担

教师自身的思维定式、低效的时间管理、不良的心态等都会导致工作负担的增加。比如，新手型教师由于对工作流程、工作环节的不熟悉，造成其在教育教学、行政管理方面存在效率低、时间紧的现象，这样就会导致其工作时间无形之中被拉长，甚至从校内被迫延续到校外。虽然一天忙忙碌碌，但是工作成效并不尽如人意。这种情况在专家型教师中间也会存在，主要原因是专家型教师自身不能合理规划、高效利用时间。还有的教师由于自身心态的不成熟、不稳重，遇到事情容易着急、慌乱，导致教育教学工作效率低下，长此以往，容易产生职业倦怠感，影响工作效率与工作进度，这也是导致教师工作负担增加的原因之一。

（3）教师多重角色期待的冲突给自身带来了负担

教师跟社会中的每个人一样，都兼有多重社会身份，每种身份都负有特定的责任，在现实生活中，由于时间、精力和条件的限制，多重责任的履行间可能会发生冲突。各级教育行政部门都希望广大教师坚守国家教育的大政方针，成为大政方针最忠实的守护者；校长希望每一位教师成为办学目标的完成者和学校声誉的维护者；学生希望教师成为自己知心朋友；家长希望教师成为孩子学习的引领者；家庭则要求教师是一个好丈夫（妻子）、好父亲（母亲）、好儿子（女儿），能够承担家庭的责任。然而，教师在多重身份的穿梭中，难免会产生角色的冲突，一旦一个角色承担的职责与期待产生落差时，就会造成挫败感和失落感，产生身心疲惫，这会给教师带来心理负担。

5.学生方面

学生管理难度增加给教师带来了的负担。管理日益复杂的学生是当前教师工作负担加重的一个重要因素。对教师工作压力大的原因进行问卷调查，调查结果显示，63.97%认为"学生不好管、不敢管"是教师的最大工作压力。新入职的教师在教育教学过程中所遇得到的最大困难，就是维持好课堂纪律，并激励学生按照教学计划完整地完成学习任务。维持课堂纪律既是新教师最头疼、最费时费力的工作，同时也是一些老教师面临的老大难问题。当下学生普遍对新事物感兴趣，有自己独特的想法与主见，特别是在网络媒体的影响下，学生的各种行为及心理问题越来越多。比如，缺乏学习兴趣、注意力不集中、上课看手机等，但在老师及家长的要求下又不得不学习，长此以往，一些学生就滋生出厌学情绪，产生学习困难、学习焦虑，导致师生矛盾频发。教师课上要管理活泼过度、不遵守纪律、屡次违规的学生，课下还要负责学生人身安全及学校纪律，学生只要出现一点小痛、小伤，老师就可能面临学校、家长的问责，这在很大程度上增加了教师的心理和工作负担。

6.社会方面

现实社会舆论压力和家长的过度需求，给教师带来了负担。当今教育是一个极大的民生问题，全社会都对教育给予高度的关注。一直以来，家长望子成龙、望女成凤，对广大教师寄予无限期望。教师的本职工作就是教书育人，正如习近平总书记所希望的，教师要做学生的"四个引路人"，即广大教师要做学生锤炼品格的引路人、做学生学习知识的引路人、做学生创新思维的引路人和做学生奉献祖国的引路人。同时，现在有些家长对孩子的学习成绩过度关注，对于学校教育有着太高的要求，对教师有更多的期望。一旦学生在考试中成绩不够理想，或者在校内外组织的活动中表现不佳，家长通常则会将学生不好的表现归罪于教师，甚至学生在活动中受到了一点磕碰，受了一点小伤，家长则动不动向学校投诉相关责任教师，一旦矛盾激化，还会把学校和教师一并告上法庭。在极个别教师违反教师道德规范后，社会媒体往往会对此现象进行大肆渲染，无限放大，让社会民众对教师队伍产生不良的感觉，给广大教师造成巨大的心理压力。

四 切实减轻学校和教师工作负担的政策建议

为切实减轻教师负担，营造教书育人的良好环境，各级政府、各级教育行政部门、学校和教师应多方发力，建立综合治理机制，坚持标本兼治，从体制机制改革入手，从源头入手，针对教育的社会大环境建设打出"组合拳"。

（一）各级政府建立综合治理机制，减少对学校教育不必要的干扰

1. 树立正确的教育政绩观

坚持立德树人根本任务，培养德智体美劳全面发展的社会主义建设者和接班人。坚持素质教育，注重学生的实际获得感，办人民满意的教育。树立正确的教育质量观，一切以学生的发展为旨归，坚持教育规律、教师发展规律，减少对学校的行政干预。坚持"功成不必在我"，切实抓好打基础利长远的工作；要发扬钉钉子的精神，切实把工作落到实处。坚持正确的教改观，坚持顶层设计，统筹规划，统筹协调稳定与改革的关系，坚决杜绝朝令夕改、"为改而改"的不良现象。不搞"形象工程""政绩工程"，杜绝形式主义。

要提高对给学校、教师减负的重大意义的认识。各级党委和政府要牢固树立教师的天职是教书育人的理念。学校教育是育人的主渠道，教师是教育的第一资源，承载着为党育人、为国育才的历史使命，肩负着培养社会主义建设者和接班人的时代重任。切实减轻学校和教师的负担，营造教育教学良好环境，让教师全身心投入教书育人的本职工作，落实好立德树人的根本任务，是各级党委和政府的职责所在，是全社会尊师重教的基本体现。

各级政府和各委办局等行政管理部门，一定要树立正确的教育观念和教育认识。作为社会大系统中的一个子系统，教育事业改革发展、教育治理、学校管理与发展是一项专门性事业和工作，有其自身的规律，各级政府要尊重教育规律、教育改革发展的规律，主动减少对教育的不必要干扰。各委办

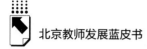

局在承担起相应责任的同时，要将事权、人权、财权交到教育行政部门手中，提高教育行政部门的话语权，建立起事权、人权、财权相统一的现代教育管理制度和治理体系。

2.建立督查检查评比考核事项年度计划和审批报备制度

针对涉及中小学校的督查检查评比考核事项，各级政府要建立起年度计划和审批报备制度。按照归口管理原则，政府各个部门、系统、街道乡镇、村要统计好本年度需要开展的督查检查评比考核事项，年初分别报同级党委办公厅（室）、政府办公厅（室）研究审核，由党委办公厅（室）统一报党委审批。除教育行政部门外，其他部门不得自行设置任何以中小学校、教师为对象的督查检查评比考核事项。年中确实需开展的，要协商教育行政部门，按程序上报给同级政府和党委，审批后方可实施。

3.建立负面清单制度

切实减少、整合一批督查检查评比考核事项。针对相关督查检查评比考核事项，认真研究和梳理其对象、内容、形式、意义和价值，依据其与教书育人的关系，区分出"密切相关""一般相关""不相关"三类。将"一般相关""不相关"两类事项纳入负面清单，坚决杜绝。将与教书育人"密切相关"的事项，视其内容、形式进行适当整合，减少对中小学干扰的频次，减轻学校和教师的负担。

建立负面清单制度。将"一般相关""不相关"两类事项纳入负面清单，并以政府文件的形式下发到各级政府机关、街道乡镇、乡村、中小学学校，各中小学学校可以将负面清单作为拒绝这些事项的"尚方宝剑"。除了上述"不相关"的事项外，负面清单还必须把占用中小学校的人力、物力、财力、场所等行为纳入，如严禁任何单位和个人让学校停课参加其组织的相关活动，干扰学校正常的教育教学秩序。

4.统筹规范清理进校园的社会事务

建立社会事务进校园清单制度。全面清理现有的社会事务，进行精简整合，依据其内容、教育价值，确实有必要进入校园的，纳入进校园的清单。

统筹规范全部需要进校园的社会事务，建立年初计划制度，所有社会事务由教育行政部门统筹安排、整体规划、分类指导。

在开展涉及中小学校和教师的社会事务时，要充分尊重教育教学规律，依据不同学段的不同特点，有针对性开展，提高实效。防范脱离实际、"一刀切"的形式主义做法。

5. 加大政府购买服务的力度

编制紧、人手缺，是导致教师工作量过重的原因之一。在编制难以补充的前提下，政府应该支持学校加大购买服务的力度，加强对购买服务工作的规范管理。通过政府购买服务的方式，将学校一些非核心工作承包出去，聘请一定数量的工勤人员，承担校园安全、宿舍管理、学生餐管理等非教学任务，让一线教师从这些琐碎的非教学事务中解放出来，保障其休息权。

（二）各级教育行政部门依法依规施政，统筹推进教育改革

调研结果表明，中小学校和教师负担的各种督查检查评比考核事项，大多数来源于各级教育行政部门。因此，统筹、规范、精简各级教育行政部门布置的督查检查评比考核事项，就成为减轻学校和教师负担的重头戏。

1. 建立现代教育治理体系，提高教育治理能力

各级教育行政部门树立现代教育治理理念，建立现代教育治理体系，提高教育治理能力，严格依法治教。优化管理方式，充分信任学校，减少简单粗放式的检查、督查、整改等管理方式和工作方式。要收手、放权，贯彻落实校长办学自主权，将自主权真正还给校长，让校长负责制名副其实。

各级教育行政部门树立正确的政绩观，杜绝功利主义、形式主义的工作内容和工作方式。尊重教育规律、教师发展规律，减少对学校、教师的干扰，将自主权、时间还给学校和教师，为学校和教师营造安心、静心、舒心、潜心的教书育人、立德树人的环境。

各级教育行政部门要求并鼓励中小学校严格依法依规承接相关督查检查

考核评比事项和社会事务，要做广大中小学校、校长、教师的坚强后盾，做他们的有力支持者。

2. 各级教育行政部门要建立年度计划和审批报备制度

各级教育行政部门要建立年度计划和审批报备制度，统筹整合、管理本级教育行政部门内部各处室、各科室的年度督查检查评比考核事项，由办公室报本级教委、教工委审批。凡是未纳入年度计划的，不得开展实施。确实需要开展实施的，由负责的处室、科室按程序上报本级教委、教工委审批。

3. 切实整合、精简督查检查评比考核事项

各级教育工委、教委要在系统内部对涉及中小学校和教师的督查检查评比考核事项进行一次集中清理，严格控制总量和频次。对各处室、各科室实施的督查检查评比考核事项，依据其对象、内容、形式、意义和价值进行认真研究和梳理，对目标接近、内容相似、标准雷同的相关事项，要切实合并，减少实施的频次，确保中小学校能够以一套材料满足不同处室、科室的要求。对于教育价值低，内容空洞，为检查而检查等的事项，要坚决剔除，力戒形式主义。将专项督导与相关处室、科室的检查落实结合到一起进行。

精简、完善指标体系，将相关、相似、雷同的指标整合在一起，尽量做到各处室、各科室的标准一致、要求一致、时间一致。

4. 整合、对接教育系统内外部的督查检查评比考核事项

要将教育系统内部和外部的督查检查评比考核事项进行整合与对接，提高工作实效，减少不必要的干扰。如将消防系统的检查与教育系统内部、学校内部的安全检查整合在一起；将消防、校园安全、卫生安全、实验室安全检查整合在一起。

5. 严格执行督查检查评比考核事项年度计划和审批报备制度

作为中小学校和教师的主管部门，各级教育行政部门的统筹、把关作用至关重要。教育行政部门一定要统起来、硬起来，基于教育发展的规律，敢于对上级部门的不合理工作安排说"不"，积极引导社会教育观念，并为学

校发展争取更多政策与资源支持，为学校和教师营造宽松有利的工作环境。要严格执行督查检查评比考核事项年度计划和审批报备制度，坚决做到依法依规开展各项检查工作。

6. 改革、完善对学校、校长、教师的考评制度

要建立健全科学的考评制度。务本求源，考评的内容、标准和要求，一定要与学校、校长、教师的本职工作、职责密切结合。学校的宗旨是立德树人，促进学生的全面发展。教师的本职工作是教书育人，是传道授业解惑。这是考核评价制度的根本所在，是遵循教育规律的根本所在。严禁将承担、承接不相关的事项、社会事务等纳入考评内容。考核评价制度具有强大的导向功能，其科学性、合理性直接影响着甚至决定着学校的办学行为和教师的教育教学行为。

7. 统筹推进各类教育教学改革，减少变革带来的挑战

近些年来，各类教育教学改革对学校发展和教师成长提出了新要求、新挑战，需要广大校长、干部、教师在观念、知识、能力、行为、心理等方面全方位进行及时更新与变革，压力较大，部分学校和教师难以跟上改革的步伐。改革也带来各级各类培训次数的增加，给广大教师增加诸多负担。学校发展、教育教学、人才培养、教师成长等有其自身的规律，需要一个较长周期的稳定的制度、政策环境。因此，需要进一步统筹整合各项教育教学改革，科学界定改革的周期，以减少变革带来的挑战。

（三）提高学校治理能力，营造和谐环境

中小学校是教育系统乃至整个社会大系统中的基层组织，上面、外面的政策管理的"千条线"，最终穿进学校这"一根针"中，然后再层层分摊到干部、教师身上。因此，学校能否做好"守门员"，能否对一些不相关的检查、社会事务等说"不"，对于减轻学校和教师的负担非常重要。

1. 严格依法依规承接相关督查检查考核评比事项和社会事务

依法治校，依法办学，要全面了解关于督查检查考核评比事项和社会事务进校园的相关政策、要求，清楚掌握负面清单，严格依法依规承接相关督

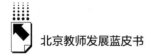

查检查考核评比事项和社会事务。依法治校，充分运用校长办学自主权，对一些与教育教学无关或相关性低的干扰，勇于说"不"，勇于拒绝，为学校、教师减负当好"守门员""过滤器"。

2. 建立现代学校制度，提高内部治理能力

建立现代学校制度，健全学校章程，依据学校章程办学。充分发挥教代会的作用，将教师参与学校治理的主体作用和智慧发挥出来。完善校内各项管理制度，并严格执行，确保学校的各项工作依法依规。

坚持内外整合，将上级各部门的工作部署和学校的各项教育教学工作进行统筹、整合，避免教师疲劳工作、重复工作。

优化内部管理，校内各部门之间要统筹、整合，避免政出多门、交叉重复。各部门要树立一盘棋思想，要站在学校改革发展的大局角度，围绕培养人开展工作，戒除部门主义、本位主义。教育、要求学校干部、教师平时注意工作规范、工作符合流程，材料存档，等等。

3. 创设人文化的工作环境

加强对教师的人文关怀。在依法依规办学、管理的同时，要加强人文关怀，关心爱护教师，营造人文和谐氛围，给教师创设一个公平、民主、自由、开放的工作和竞争环境。加强人文关怀，学校才会在教师积极工作的推动下不断向前发展。要尊重教师的合法权益，如休息权、法定工作时间权，不能随意增加教师的工作量和工作时间。要重视教育教学管理水平和课堂教学效率的提升，给教师和学生争取更多的自主时间和更大的活动空间。

4. 增加文娱活动，帮助教师减压

文娱活动可以促进教师的身体素质的提高，对教育教学起到一定的促进作用，而目前教师的文娱活动普遍较少。学校应该将教师的文娱活动提上日程，为教师创造条件，鼓励教师以活动提升状态并长期坚持，进而提高工作效率，减轻身心负荷。

5. 切实发挥家校合作教育功能

教师工作压力、负担的重要来源之一就是家长、家庭，因此处理好家校

之间的关系非常重要。要建设好学校家委会、班级家委会，明确家委会的职责、权利、义务、边界，明确家校沟通的渠道、方式，创新家委会发挥功能的形式，充分发挥教委会的功能，做好家长的教育工作，真正形成家校合力、家校共育。

（四）提高教师工作效率

1. 提高适应教育教学改革的能力

强化专业自主发展的意识和能力，不断加强学习、研究，更新教育理念、知识结构，提升专业能力，提高应对教育教学改革的能力，减少改革带来的冲击，从而达到适应改革、驾驭改革、引领改革，使各种教育教学改革不再成为教师的负担。

2. 掌握有效的工作方法，提高工作效率

①制订每日工作计划。当日事当日毕，必须在规定的时间内完成当天工作。区分各项工作的轻重缓急，有区别地对待、安排各项工作，优先处理紧急且重要的工作，如上课是工作核心，必须放在首位。

②要善用利用工具。工欲善其事必先利其器，工具是提高效率的手段。教师应该熟练掌握一些有效的工具，如各种办公软件、思维导图、信息搜索以及其他信息技术工具，提高信息技术素养。

③善于整合、反思、总结。提高系统思维、结构思维能力，统筹工作全局，根据内容进行适当整合，加快工作进度。不断反思、总结，以积累经验，形成成熟的工作模式，提高工作效率。

3. 调整心态，提高职业幸福感

①进一步增强对教师职业的认同。进一步提高教师职业传道授业解惑、"四个引路人"的崇高价值的认知，增强职业价值感、认同感。

②加强身体锻炼，有效调节心理，保持身心健康。养成锻炼身体的好习惯，可以利用学生的课间操时间与学生一起活动，或参加学生的课后体育活动。工作中要劳逸结合，如午间保证休息半小时。掌握排遣不良情绪的正确渠道，缓解职业倦怠。

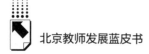

③加强团队合作。要具有团队协作精神，要意识到自己是团队如年级组、教研组、班组等中的一员，与团队具有共同的目标，并为之负有一定的责任，能以团队作战的形式开展工作。提高沟通协调能力，能够与团队成员有效沟通，尊重他人，平等待人。

（五）营造尊师重教和谐安静的社会大环境

1.明确学校教育、家庭教育、社会教育的边界与职责

落实立德树人根本任务，培养德智体美劳全面发展的社会主义建设者和接班人，是学校教育、家庭教育、社会教育共同发挥作用的结果，任何一方的缺位、错位、越位，都会导致合力育人的工作紊乱、低效，造成育人环节的缺失。政府和教育行政部门要科学、合理地界定学校教育、家庭教育、社会教育的性质、内容、职责，划清三者之间权责的边界，形成三者合力育人的稳定机制，确保三方各自运行、相互配合、形成合力，确保三方均不缺位、错位、越位。加强对三方边界、职责内容的宣传，引导三方达成共识。

2.加强对家庭教育的指导

①明确家庭教育的价值。引导广大家长认识到家庭是孩子的第一所课堂，父母是孩子的第一任老师。家庭教育工作的质量，关系到孩子的终生发展，关系到国家和民族的未来。家长在家庭教育中负有主体责任。

②教育、指导家长科学育人。教育、指导家长树立正确的家庭教育观，遵循孩子的成长规律、教育规律，科学设定家庭教育目标定位，提高、改进家庭教育方法，拓宽家庭教育的资源和网络。

③明确家庭教育的职责与边界。家长要切实履行家庭教育的职责，处理好与学校、教师的关系，科学定位教育目标，合理表达教育诉求，有效配合学校和教师工作。

3.营造尊师重教的社会氛围

①引导正向的社会舆论，减轻教师的心理压力。引导媒体积极报道优秀教师的先进事迹、高尚师德，减少对负面个案的恶意炒作。各级政府和教育

行政部门要减少对负面个案的公开处理行为。

②切实提高教师的薪酬待遇，确保不低于当地公务员平均工资标准，并建立起稳步增长的机制，努力使教师职业薪酬水平处于各行各业的前列。

专 题 报 告

Special Reports

B.6

北京市乡村教师支持计划
政策评估研究报告

北京教育科学研究院教师研究中心课题组*

摘 要： 农村教师的发展关系到农村教育质量的提升，关系到整个教育事
业的发展和教育现代化的实现。自 2015 年开始，国家、北京市
出台了乡村教师支持计划政策，旨在通过诸多措施促进乡村教师
队伍建设。综合采用定量和定性研究方法，对《北京市乡村教
师支持计划（2015—2020 年）实施办法》的实施进行全面评估。
研究发现，北京市乡村教师支持计划政策，对乡村教师队伍建设
起到了积极的促进作用，表现为："下得去"，乡村教师支持计
划起到了吸引更多优秀教师到乡村学校任教的作用；"留得住"，

---

* 北京教育科学研究院教师研究中心课题组成员，包括宋洪鹏、鱼霞、郝保伟、赖德信、陈黎
明、李一飞。宋洪鹏，博士，北京教育科学研究院教师研究中心助理研究员；鱼霞，博士，
北京教育科学研究院教师研究中心研究员；郝保伟，博士，北京教育科学研究院教师研究中
心副研究员；赖德信，北京教育科学研究院教师研究中心副研究员；陈黎明，博士，北京教
育科学研究院教师研究中心副研究员；李一飞，北京教育科学研究院教师研究中心助理研
究员。

乡村教师支持计划在一定程度上起到了留住乡村学校教师的作用；"教得好"，乡村教师支持计划对乡村学校教师专业水平提升起到了较好地促进作用。当然，也要看到，乡村教师支持计划政策推进过程中，还存在一些问题：乡村教师支持计划政策的知晓度与宣传力度有待增加；乡村教师专业水平提升仍有待进一步加强；乡村学校教师管理体制机制有待进一步完善；乡村学校仍难以吸引优秀青年教师长期从教；乡村教师交流轮岗的意愿较低；乡村教师岗位生活补助标准有待提高。针对这些问题，提出如下建议：顶层设计乡村教师队伍建设的目标与定位；科学界定政策实施范围与对象；加大政策解读和宣传力度；集中发力重点提升乡村教师素质；创新编制管理，补足配齐乡村教师队伍的人数；进一步完善集团化办学、"区管校聘"、交流轮岗等政策体系；提高差异化的岗位生活补助标准。

关键词： 北京市乡村教师支持计划　交流轮岗　乡村教师管理

一　研究背景

农村教师的发展关系到农村教育质量的提升，关系到整个教育事业的发展和教育现代化的实现。[①] 为了加强"老少边穷岛"等贫困地区乡村教师队伍建设，明显缩小城乡师资水平差距，让每个乡村孩子都能接受公平、有质量的教育，2015 年，国务院办公厅印发《乡村教师支持计划（2015—2020年）》（国办发〔2015〕43 号）。在国家文件的指导下，北京市人民政府办公厅印发了《北京市乡村教师支持计划（2015—2020 年）实施办法》（京政办发〔2016〕8 号），全面加强北京市农村教师队伍建设，努力造就一支

---

① 本报告中，"农村"即"乡村"，两者不做严格区分。

素质优良、结构合理、甘于奉献的农村教师队伍，为实现首都教育现代化提供坚强有力的师资保障。《北京市乡村教师支持计划（2015—2020年）实施办法》作为"十三五"时期市级乡村教师队伍建设的重要政策，已经实施5年。为了做好"十三五"时期北京市乡村教师支持计划政策总结评估工作，为"十四五"时期加强乡村学校教师队伍建设决策部署提供参考，本课题组特开展北京市乡村教师支持计划政策评估研究。[①]

本研究聚焦于北京市乡村教师支持计划政策实施效果，旨在摸清现状，梳理经验与做法，发现问题，提出政策建议。本研究综合采用定量研究和定性研究方法。[②] 定量研究方法主要用于提供扎实的数据，说明北京市乡村教师支持计划的实施情况，以及不同群体对乡村教师支持计划具体举措实施的满意程度，对乡村教师支持计划"下得去、留得住、教得好"实施效果的评价。定性研究方法，主要是用来呈现北京市乡村教师支持计划具体实施过程，检测在实践中的效果，总结经验，深入解析政策实施中遇到的问题及原因。本课题组分工负责，历时近半年的时间，收集北京市11个区乡村教师支持计划的总结自评报告，对11个区教委人事科长、中小学校长代表、普通乡村教师代表和优秀乡村教师代表（获得从教30年优秀乡村教师奖励的教师）4类群体进行线上座谈，对11个区中小学校长代表、新入职教师代表和优秀乡村教师代表（获得从教20年优秀乡村教师奖励的教师）进行电话访谈，对11个区中小学校长、普通乡村教师和优秀乡村教师代表3类群体开展线上问卷调查。线上问卷调查共收集到中小学校长问卷255份，有效问卷253份，有效率为99.22%；收集到普通乡村教师问卷15775份，有效问卷14969份，有效率为94.89%；收集到优秀乡村教师问卷820份，有效问卷771份，有效率为94.02%。多种利益相关者提供的数据、信息能够互相验证、互相补充，实现研究对象和研究方法上的多层互证，更好地保证研究的客观性和科学性。

---

① 本研究开展时间为2020年10月至2021年3月。
② 本报告在北京市乡村教师支持计划的实施范围内来进行研究。

基于政策的深入调研，结合已有政策文本、统计数据和相关文献，本课题组系统梳理了北京市乡村教师支持计划的相关政策，分析了北京市乡村教师支持计划的实施情况，评估了北京市乡村教师支持计划的政策实施效果，总结经验与典型做法，发现存在的问题，并在此基础上为北京市乡村教师支持计划提出有针对性的政策建议。

二 北京市乡村教师支持计划政策实施和政策目标

（一）北京市乡村教师支持计划政策实施背景

在新时代背景下，党中央、国务院为了全面提高教育质量，促进教育公平，实现我国城乡教育的均衡发展，将提高乡村教育质量作为全国教育工作的重点内容。发展乡村教育关键在于提高乡村教师的能力、素质。2015 年，为深入推进全面建成小康社会、全面深化改革、全面依法治国、全面从严治党"四个全面"战略布局，认真贯彻党中央、国务院关于加强教师队伍建设的部署和要求，采取切实措施，加强"老少边穷岛"等贫困地区的乡村教师队伍建设，教育部会同中央编办、发展改革委、财政部、人力资源和社会保障部，在深入总结经验、广泛听取意见的基础上，反复修改完善，由国务院办公厅印发了《乡村教师支持计划（2015—2020 年）》（国办发〔2015〕43 号），要求全国各省（自治区、直辖市）、市、县（县级市）、乡各级人民政府根据要求，制定实施办法，把准支持重点，因地制宜提出符合乡村教育实际的支持政策和有效措施。

为贯彻落实《国务院关于加强教师队伍建设的意见》《乡村教师支持计划（2015—2020 年）》的精神和要求，采取切实措施加强北京市乡村教师队伍建设，进一步缩小城乡师资水平差距，让每个乡村孩子都能接受公平、有质量的教育，按照市委、市政府要求，北京市教委牵头研制，并于 2016 年初由北京市政府办公厅印发了《北京市乡村教师支持计划（2015—2020年）实施办法》（京政办发〔2016〕8 号，以下简称《实施办法》）。

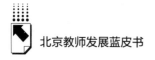

（二）北京市及各区出台的相关政策

为全面贯彻落实《实施办法》，北京市委、市政府高度重视乡村教师支持计划的落实工作，北京市及各区积极制定、出台了支持乡村教师队伍建设的配套政策文件和实施细则。

1.北京市出台的相关政策

为全面贯彻落实《实施办法》，北京市从市级层面先后颁布了 4 项配套政策文件（见表 1）。

表 1　北京市根据《实施办法》制定、出台的配套政策

序号	文件名	文件号
1	《北京市乡村教师岗位生活补助发放办法》	京教人〔2016〕10 号
2	《北京市乡村教师岗位生活补助发放办法的补充办法》	京教人〔2016〕23 号
3	《北京市乡村教师素质提升计划》	京教人〔2016〕13 号
4	《北京市支持乡村学校发展若干意见》	京教人〔2016〕17 号

首先，根据《实施办法》提出的"进一步提高乡村教师待遇，建立市级财政对乡村教师岗位实施生活补助政策"，北京市教育委员会、北京市人力资源和社会保障局与市财政局联合印发了《北京市乡村教师岗位生活补助发放办法》（京教人〔2016〕10 号）及《北京市乡村教师岗位生活补助发放办法的补充办法》（京教人〔2016〕23 号），建立了市级财政对乡村教师岗位实施生活补助政策。该办法涉及北京市 358 所学校，共计 15646 人，人均补助 2600 元，居全国第一。

其次，依据《教育部办公厅关于印发乡村教师培训指南的通知》（教师厅〔2016〕1 号）和《实施办法》，结合北京市农村教师培训经验和乡村教师专业化发展需要，北京市教育委员会印发了《北京市乡村教师素质提升计划》（京教人〔2016〕13 号）。该计划涉及的培训对象覆盖全市 295 所乡村学校的乡村教师，市、区、校三级各有侧重。市级培训主要是针对乡村学

校校长、教学干部、教研组长和骨干教师等开展高级研修；区级培训侧重于对乡村教师的全员素质提高进行培训、新任教师上岗进行培训和"教非所学"教师开展专题培训；校级培训主要是有针对性的校本培训。

最后，为落实《北京市中长期教育改革和发展规划纲要（2010—2020年）》《中共北京市委关于推进义务教育优质均衡发展的意见》《实施办法》等文件的精神和要求，采取切实有效措施加大对北京市乡村学校的支持力度，进一步缩小城乡学校发展水平差距，结合本市实际，北京市教育委员会、北京市人力资源和社会保障局、北京市财政局印发了《北京市支持乡村学校发展若干意见》（京教人〔2016〕17号）。该意见要求：加大对乡村学校学科教学的指导力度，提升每一名乡村教师的教学实践能力和水平；加大政策倾斜力度，丰富乡村学生的实际获得；建立健全激励机制，提升乡村教师岗位吸引力；优化资源配置，切实缩小城乡学校差距。

2. 各区出台的相关政策

自2016年北京市启动乡村教师支持计划以来，各区认真落实国家和北京市的有关政策文件要求，结合区域教育发展的实际，制定相关政策文件，采取多种方式，有步骤、有计划地落实乡村教师支持计划的相关工作。各区政策的制定主要围绕乡村教师支持计划实施细则、乡村教师师德师风建设、乡村教师岗位生活补助、促进城乡教师交流轮岗，以及对乡村教师的倾斜政策5个方面（见表2）来进行，具体内容如下。

第一，根据《实施办法》，海淀区、怀柔区、密云区、通州区、大兴区、平谷区6个区，在结合本地实际情况的基础上，制定了本区的乡村教师支持计划实施细则。例如，海淀区制定了《海淀区乡村教师队伍建设实施细则（试行）》；怀柔区制定了《怀柔区乡村教师支持计划实施细则（2015—2020年）》（怀政办发〔2018〕7号）。

第二，各区政府、教委高度重视本区的乡村教师师德师风建设。根据《实施办法》中的"全面提高乡村教师思想政治素质和师德水平"的要求，怀柔区、门头沟区、密云区、通州区、延庆区、大兴区、顺义区、平谷区、昌平区9个区制定了本区关于加强乡村教师师德师风建设的文件。例如，怀柔区依据《怀柔区乡村教师支持计划实施细则（2015—2020 年）》出台了《怀柔区中小学、幼儿园教师师德考核办法》（京怀教工发〔2019〕58 号）；顺义区教工委、教委、教育督导室、教育工会联合下发了《关于进一步加强新时代师德师风建设工作实施细则》，该细则还提出了《顺义区教育系统教师职业行为规范"八要、十不准"》，制定了师德负面清单。

第三，各区人民政府、区教委高度重视落实乡村教师岗位生活补助政策，海淀区、怀柔区、门头沟区、通州区、延庆区、大兴区、顺义、平谷区、房山区、昌平区 10 个区制定了本区的乡村教师岗位生活补助实施细则。例如，海淀区制定了《海淀区乡村教师生活补助实施细则（试行）》（海教发〔2016〕34 号）以及《北京市海淀区教育委员会关于海淀区实施乡村教师生活补助的补充通知》；通州区研制、出台了《通州区乡村教师岗位生活补助发放工作实施方案》。

第四，为了促进优秀教师向山区学校合理流动，实现优质资源共享，提高乡村教育质量，各区积极实施义务教育学校教师交流轮岗政策。例如，门头沟区制定、出台了《关于进一步建立城乡干部教师帮扶联动机制的实施意见》，实行城乡一体化发展，促进优秀教师向山区流动；通州区制定了《通州区义务教育学校教师交流轮岗工作实施意见》，重点推动优秀教师在城乡学校之间、优质学校与薄弱学校之间交流轮岗，鼓励乡村学校教师到城区优质学校交流轮岗、跟岗培训，提升教育技能。

第五，为了吸引优秀人才到乡村从教，解决乡村教师评职评优困难等问题，各区积极制定相关政策，并将利好政策向乡村学校倾斜。例如，海底区出台的《海淀区教委人才公寓暂行管理办法》，明确指出在"同等条件下，优先解决北部地区教委所属单位人才公寓使用需求"；通州区在职评和评优方面，研究制定、出台《通州区深化中小学教师职称制度改革实施方案》（通人社专发〔2016〕16 号）和《通州区中小学教师专业技术职务评聘工作实施细则》（通人社专发〔2016〕17 号），对农村教师申报职称的外语成绩（外语教师除外）、发表论文情况等条件进行了弱化，并要求申报高级教师职称的城镇中小学教师，原则上要有 1 年以上在薄弱学校或农村学校任教的经历。

表2 北京市各区出台的相关政策

区＼政策内容	乡村教师支持计划实施细则方面的政策	乡村教师师德师风建设方面的政策	乡村教师岗位生活补助方面的政策	促进城乡教师交流轮岗方面的政策	对乡村教师的倾斜性政策
海淀区	《海淀区乡村教师队伍建设实施细则(试行)》	无	1.《海淀区乡村教师生活补助实施细则(试行)》(海教发[2016]34号);2.《北京市教育委员会关于海淀区实施乡村教师生活补助的补充通知》	无	《海淀区教委人才公寓暂行管理办法》
怀柔区	《怀柔区乡村教师支持计划实施细则(2015—2020年)》(怀政办发[2018]7号)	《怀柔区中小学、幼儿园教师师德考核办法》(京怀教工发[2019]58号)	怀柔区乡村教师岗位生活补助发放办法》(京怀教发[2017]42号)	无	无
门头沟区	无	1.《关于建立健全门头沟区中小学师德建设长效机制的实施意见》;2.《门头沟区教师职业行为规范(试行)》;3.《门头沟区师德考核办法(试行)》	《门头沟区乡村教师岗位生活补助发放办法》	《关于进一步建立城乡部教师帮扶联动机制的实施意见》	《关于印发门头沟区教育系统岗位设置管理工作实施方案》(门教发[2017]20号)
密云区	密云区《乡村教师支持计划(2015～2020年)实施细则》	1.《关于开展"做新时代'四有'好老师和'四个引路人'"学习实践活动的实施办法》(密教工[2018]9号);2.《密云区教师师德考核办法》(密教工[2018]9号)	无	无	无

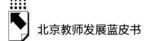

续表

区 政策内容	乡村教师支持计划方面的政策	乡村教师师德师风建设方面的政策	乡村教师岗位生活补助方面的政策	促进城乡教师交流轮岗方面的政策	对乡村教师的倾斜性政策
通州区	《通州区乡村教师支持计划实施细则》	1.《关于建立健全通州区中小学师德建设长效机制实施办法》；2.《通州区新时代教师职业行为十项准则》；3.《通州区教师师德考核细则》；4.《通州区教师师德违反职业道德行为处理办法实施细则》	《通州区乡村教师岗位生活补助发放工作实施方案》	《通州区义务教育学校教师交流轮岗工作实施意见》	1.《通州区深化中小学教师职称制度改革实施方案》（通人社专发〔2016〕16号）；2.《通州区中小学教师专业技术职务评聘工作实施细则》（通人社专发〔2016〕17号）
延庆区	无	1.《新时代延庆区中小学幼儿园教师职业行为规范》；2.《教师师德考核办法》	《延庆区乡村教师岗位生活补助发放办法》	无	无
大兴区	《北京市大兴区人民政府关于〈乡村教师支持计划（2015~2020年）〉的实施细则》（京兴政发〔2017〕45号）	1.《关于进一步加强新时代教师师德师风建设的实施意见》；2.《大兴区教育系统教师师德考核办法》	《大兴区教育委员会关于乡村教师岗位生活补助发放办法》（京兴教发〔2017〕32号）	无	无
顺义区	无	1.《关于进一步加强新时代教师师德师风建设实施细则》；2.《顺义区教育系统教师职业行为规范"八要、十不准"》	《顺义区教委关于乡村教师岗位生活补助发放办法》	《北京市顺义区教育委员会关于推进顺义区促进义务教育干部教师交流的实施方案（试行）》	无

续表

政策内容 区	乡村教师支持计划实施细则方面的政策	乡村教师师德师风建设方面的政策	乡村教师岗位生活补助方面的政策	促进城乡教师交流轮岗方面的政策	对乡村教师的倾斜性政策
平谷	《平谷区乡村教师支持计划（2015～2020年）实施细则》（京平教函〔2017〕252号）	1.《关于进一步贯彻落实〈平谷区中小学师德建设长效机制实施办法〉的意见〔2017〕34号》（京平教工发〔2017〕34号）;2.《关于新时代中小学校、幼儿园教师职业行为规范及负面清单（试行）》（京平教发〔2018〕131号）	《北京市平谷区人民政府办公室关于印发〈平谷区乡村教师岗位生活补助发放方案〉的通知》（京平政办发〔2017〕52号）	《关于义务教育学校校长教师岗位轮岗工作实施方案》（京平教工发〔2016〕48号）	无
昌平	无	1.《昌平区中小学、幼儿园教师师德考核负面清单》;2.《昌平区中小学、幼儿园职业道德违反处理办法》;3.《新时代昌平区中小学、幼儿园教师职业行为规范》	《昌平区乡村教师岗位生活补助发放细则》（昌教发〔2017〕26号）	《昌平教委关于进一步推进义务教育学校校长教师交流轮岗的实施办法》（昌教〔2016〕15号）	无
房山	无	无	《房山区乡村教师岗位生活补助发放办法》（房教发〔2017〕7号）	《关于进一步推进义务教育学校干部教师交流轮岗的指导意见》（房教工发〔2017〕18号）	无

资料来源：以上政策文件来自各区的自评报告。

自 2016 年北京市启动乡村教师支持计划以来，各区认真落实国家和北京市的文件精神，分别在师德师风建设、岗位补助办法以及交流轮岗方面上制定了较为完整、系统的政策文件，保证了《实施办法》的贯彻落实。同时，一些倾斜性的政策促进了乡村教师的专业成长，充分调动了乡村教师的积极性。从各区颁布实施的政策文件来看，各区基本能够结合本区域教育发展的实际情况，有步骤、有计划地落实乡村教师支持计划的相关要求，并取得了阶段性的成果，有力促进了区域内教育的优质、均衡发展。

（三）北京市乡村教师支持计划政策目标

根据《国务院关于加强教师队伍建设的意见》《乡村教师支持计划（2015—2020 年）》精神和要求，《北京市乡村教师支持计划（2015—2020 年）实施办法》的政策总目标是："乡村学校优质教师来源得到多渠道扩充，乡村教师资源配置得到改善，教育教学能力水平稳步提升，各方面合理待遇依法得到较好保障，职业吸引力明显增强，逐步形成'下得去、留得住、教得好'的局面。"围绕"下得去、留得住、教得好"的政策总目标，《北京市乡村教师支持计划（2015—2020 年）实施办法》主要从以下几个方面入手。

第一，全面提高乡村教师思想政治素质和师德水平。积极培育和践行社会主义核心价值观，进一步建立健全乡村教师政治理论学习制度，创新学习方式和载体，增强思想政治工作的针对性和实效性，不断提高教师的理论素养和思想政治素质。同时，切实加强乡村教师队伍党建工作，基层党组织要充分发挥政治核心作用，进一步关心教育乡村教师，加大发展党员力度。进一步建立健全教育、宣传、考核、监督与奖惩相结合的师德建设长效机制。

第二，合理优化乡村教师队伍结构。创新乡村教师编制管理方式，要求乡村中小学教职工编制按照城市标准统一核定，其中村小学、教学点编制按照生师比和班师比相结合的方式核定。实行城乡中小学教职工编制区域统筹和动态管理，盘活师资存量，提高使用效益。

第三，拓展乡村教师补充渠道。建立乡村学校师资缺口与师范院校招生计划联动机制，在总体控制市属高校招生规模的基础上，统筹调整招生计划结构，引导市属师范院校及相关学校增加师范生培养数量。结合乡村学校的特点和需求，创新乡村教师培养模式，构建政府、师范院校、中小学校协作培养体系，并进一步完善课程体系，确保每名师范生毕业前至少有半年时间到优质中小学校进行教育教学实践。同时，根据本市乡村教育实际需求加强本土化培养模式，采取多种措施，如探索将师范院校招生指标定向到区的方式，建立相关师范生免费享受教育和乡村师范生年度奖学金制度，就业 3~5 年后可定向免费直读教育学硕士学位等，定向培养"一专多能"的乡村教师；探索在高等学校增设两年制教育学硕士专业，定向培养乡村教师。对综合性院校毕业生和师范院校非师范生取得教师资格并到乡村学校任教的，满 5 年后一次性给予 4 万元补助。采取有效措施鼓励城镇退休教师到乡村学校支教讲学。

第四，推动城镇优秀教师向乡村学校流动。全面推进义务教育教师队伍"区管校聘"管理体制的改革，完善激励机制，不断健全绩效工资、职称评定、职务晋升等方面的倾斜政策，为推动城镇优秀教师到乡村学校任教提供制度保障。采取挂职交流、跨校竞聘、学区化管理、学校联盟、城乡一体化管理、对口支援、乡镇中心学校教师走教等方式，重点引导优秀校长和骨干教师向乡村学校合理流动，并逐步将之制度化和常态化。区范围内重点推动城区学校教师到乡村学校交流轮岗，乡镇范围内重点推动乡镇中心学校教师到村小学、教学点交流轮岗。建立优秀教师跨校兼职制度，鼓励教师多劳多得、优绩优酬。

第五，大力提升乡村教师能力素质。实施"乡村教师素质提升计划"，在 2020 年前，对全市乡村教师、校长进行 360 学时的培训。把乡村教师培训纳入基本公共服务体系，保障经费投入。按照高于普通教师 20% 的标准上浮乡村教师培训经费，以满足培训需求。

第六，积极完善乡村教师激励机制。职称（职务）评聘和骨干教师评选向乡村学校倾斜。全面落实中小学教师职称制度改革，逐步提高乡村教师

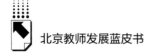

高级职称（职务）的比例，实现区内城乡中小学教师职称（职务）和岗位结构比例的总体平衡。进一步完善乡村教师职称（职务）评聘办法，切实向乡村教师倾斜；乡村教师评聘职称（职务）时对外语成绩（外语教师除外）、发表论文等不做刚性要求，坚持育人为本、德育为先，注重师德素养，注重教育教学工作业绩，注重教育教学方法，注重教育教学一线实践经历。将本市特级教师、学科教学带头人和骨干教师评选向乡村教师倾斜，以鼓励优秀教师从事乡村教育工作，提高乡村基础教育水平。中小学校教师晋升高级教师职称（职务）时，应有在乡村学校或师资薄弱学校任教一年以上的经历。

第七，提高乡村教师生活待遇。进一步提高乡村教师待遇，出台市级财政对乡村教师岗位实施生活补助政策，各有关区依据不同乡村学校实际情况、教师不同岗位和任教年限实行差别化的补助标准，提高乡村教师岗位的吸引力，稳定乡村骨干教师队伍；市住房和城乡建设委、市国土局、市规划委、市发展改革委等部门要统筹研究，积极支持在合适地点集中建设乡村教师周转宿舍。合理提高乡村教师伙食补贴，妥善解决山区乡村教师往返学校的交通问题，改善乡村教师生活，确保乡村教师安全方便出行。各有关区要依法为乡村教师缴纳住房公积金和养老保险、医疗保险等各项社会保险经，并按照每人每年不低于800元的标准保证乡村教师免费享受一次常规体检，同时做好乡村教师重大疾病救助工作。

第八，建立乡村教师荣誉制度。大力倡导尊师重教的社会风气，努力提高乡村教师的社会地位。市委、市政府对在乡村学校从教20年及以上的教师颁发荣誉证书；"北京市人民教师奖"和北京市优秀教师、先进工作者的评选以及各有关区开展的相应评选表彰工作，都要向乡村教师倾斜。各有关区对在乡村学校从教10年及以上的教师建立相应的荣誉制度，并建立乡村教师子女享受本区优质教育的相关制度。鼓励和引导社会力量建立专项基金，对长期在乡村学校任教的优秀教师给予物质奖励。广泛宣传乡村教师坚守岗位、默默奉献的崇高精神，在全社会大力营造关心支持乡村教师和乡村教育的浓厚氛围。

三 北京市乡村教师支持计划政策效果

综合采用定量研究和定性研究方法，对北京市乡村教师支持计划政策的实施效果进行评估。对北京市乡村教师支持计划政策实施效果的评估，既关注乡村教师队伍的客观变化，又采纳不同群体对乡村教师支持计划实施的主观评价。

（一）北京市乡村教师支持计划政策实施以来的乡村教师队伍变化

1. 乡村教师队伍人数的变化：乡村学校教师调出人数大幅减少

对乡村教师队伍人数的变化测算，主要反映在"十三五"时期对比"十二五"时期乡村学校专任教师人数的变化、乡村学校教师调入数和调出数的变化上。

对北京市有乡村学校的 11 个区"十三五"时期和"十二五"时期的教师队伍人数和乡村教师队伍人数进行统计，发现"十三五"时期，11 个区乡村学校专任教师人数占专任教师总数的比例为 26.23%，与"十二五"时期的 25.39%相比，两者基本持平。

对比"十三五"时期和"十二五"时期乡村学校教师调入数和调出数的变化，结果发现，从整体上来看，在"十三五"时期 11 个区乡村学校教师调入数比"十二五"时期略减少了 0.11%，两者基本持平；"十三五"时期 11 个区乡村学校教师的调出数比"十二五"时期减少了 11.97%，调出人数大幅减少。可以说，北京市乡村教师支持计划的实施，有效缓解了乡村学校教师频繁向城区调动的问题。

2. 乡村教师队伍质量的变化：高级职称比重有所增加，市骨干有所减少

对乡村教师队伍质量的变化测算，主要反映在"十三五"时期对比"十二五"时期高级职称教师比例的变化和骨干教师数量的变化上。

从乡村学校高级职称教师比例的变化来看，在"十三五"时期，11 个区乡村学校高级职称比例为 19.60%，比"十二五"时期高出 5.8 个百分

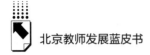

点。"十三五"时期，各区乡村学校高级职称教师比例均有所增加，增幅在
3.24~17.77个百分点。

从乡村学校骨干教师数量的变化来看，在"十三五"时期，11个区乡
村学校区级骨干教师比例为12.71%，比"十二五"时期高出0.6个百分
点。从特级教师、市学带、市骨干数量的变化来看，"十三五"时期，11个
区在特级教师、市学带、市骨干人数上分别增加了22人、15人、-39人。
需要指出的是，特级教师人数增加较多，而市骨干人数减少较多。

（二）北京市乡村中小学不同群体对乡村教师支持计划实施的认知度

北京市乡村中小学不同群体对乡村教师支持计划实施的认知度，直接反
映了乡村教师支持计划政策的实施情况。从不同群体报告的数据来看（见
表3），校长、普通乡村教师、优秀乡村教师的评分①分别为3.96、2.98、
3.29，这说明校长对乡村教师支持计划的认知度较高，教师对乡村教师支持
计划的认知度较低，特别是普通乡村教师的评分最低。从不同群体选择的认
知度来看，选择"比较了解"和"非常了解"的校长占76.3%，说明大多
数校长对乡村教师支持计划的认知度较高；选择"比较了解"和"非常了
解"的普通乡村教师占28.9%，说明大多数普通乡村教师对乡村教师支持计
划的认知度不高；选择"比较了解"和"非常了解"的优秀乡村教师占
45.9%，也说明有超过一半的优秀乡村教师对乡村教师支持计划认知度不高。

对北京市乡村中小学的学校位置、学段、校长、教师进行差异分析，深
入了解不同群体对乡村教师支持计划政策的认知度。从学校位置（农村的
平原地区、半山地区、深山地区）来看，不同位置学校校长的认知度之间
没有显著性差异；来自不同位置学校的普通教师的认知度之间则存在显著性
差异，农村深山地区学校的普通教师（3.28）的认知度，显著高于农村半
山地区学校的普通教师（3.05）和农村平原地区学校的普通教师（2.91）；

---

① 本报告使用的都是李克特5点计分法，最低分为1，最高分为5；下同。

来自不同位置学校的优秀教师的认知度之间也存在显著性差异，农村深山地区学校的优秀教师（3.81）的认知度，显著高于农村半山地区学校的优秀教师（3.41）和农村平原地区学校的优秀教师（3.15）。从北京市乡村中小学不同学段（小学、初中、高中）来看，不同学段校长的认知度之间没有显著性差异；不同学段的普通教师的认知度之间则存在显著性差异，小学普通教师（3.05）的认知度，显著高于初中普通教师（2.90）和高中普通教师（2.84）；不同学段优秀教师的认知度之间也存在显著性差异，小学优秀教师（3.49）的认知度，显著高于初中优秀教师（3.14）和高中优秀教师（3.07）。从北京市乡村中小学校长职级和教师职称来看，不同职级校长的认知度之间没有显著性差异；不同职称的优秀教师的认知度之间也没有显著性差异；不同职称的普通教师的认知度之间则存在显著性差异，高级职称的普通教师（3.08）和一级职称的普通教师（3.01）的认知度，显著高于二级职称的普通教师（2.89）和未评级的普通教师（2.87）。由此看出，北京市乡村中小学中，校长的认知度在学校位置、学段和职级上都没有显著性差异，农村山区教师尤其是深山地区的教师、小学教师、高职称教师对乡村教师支持计划政策的认知度则相对更高。对于农村山区教师尤其是深山地区教师，对乡村教师支持计划政策认知度更高，无论是在岗位补助还是专业提升上，该政策都给予了他们很大的支持；对于农村小学教师，乡村教师支持计划在课外活动、社会大课堂、游学等方面与之关联更为密切；由于入职时间较短，很多二级教师和未评级的教师，特别是乡村教师支持计划实施以后入职的二级教师和未评级的教师，对于此相关政策的认知度较低。

表3　北京市乡村中小学不同群体对乡村教师支持计划实施的认知度

	非常不了解	不太了解	一般	比较了解	非常了解	平均分	标准差
校长	4.0%	4.0%	15.8%	44.3%	32.0%	3.96	1.00
普通乡村教师	5.7%	26.1%	39.3%	22.7%	6.2%	2.98	0.98
优秀乡村教师	6.1%	17.1%	30.9%	33.3%	12.6%	3.29	1.08

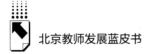

从北京市乡村中小学不同群体对乡村教师支持计划实施具体举措的认知度上来看（见表4、表5和表6），也有不少校长、普通乡村教师、优秀乡村教师对乡村教师支持计划的具体举措不了解。校长在乡村教师专业提升13项举措上，选择"不知道"的比例为0~4.0%；在乡村学校资源配置13项举措上，校长选择"不知道"的比例为0.8%~7.5%；在乡村教师奖励激励8项举措上，校长选择"不知道"的比例为2.8%~15.8%；其中，在"支持有关区为乡村教师租赁周转房"和"义务教育学段招生政策向乡村教师子女倾斜"两项上，校长选择"不知道"的比例较高，分别为15.8%、14.2%。普通乡村教师在乡村教师专业提升13项举措上，选择"不知道"的比例为8.3%~16.0%；在乡村学校资源配置13项举措上，选择"不知道"的比例为7.9%~18.7%；在乡村教师奖励激励8项举措上，选择"不知道"的普通乡村教师比例为9.2%~19.2%。优秀乡村教师在乡村教师专业提升13项举措上，选择"不知道"的比例为5.1%~12.8%；在乡村学校资源配置13项举措上，选择"不知道"的优秀乡村教师比例为4.9%~17.5%；在乡村教师奖励激励8项举措上，选择"不知道"优秀乡村教师的比例为5.8%~18.0%。这说明有不少普通乡村教师和优秀乡村教师对乡村教师支持计划的具体举措不了解。

（三）北京市乡村中小学不同群体对乡村教师支持计划实施具体举措的满意程度

北京市乡村中小学不同群体对乡村教师支持计划实施的具体举措的满意度，是对乡村教师支持计划实施过程的评估，具体见表4、表5和表6。

北京市中小学校长对乡村教师支持计划在乡村教师专业提升13项举措上，满意度评分在4.12~4.33，说明校长对乡村教师专业提升举措的满意度较高；在乡村学校资源配置13项举措上，满意度评分在3.74~4.32，其中，对"支持乡村学校学生走进社会大课堂"（4.32）、"市级统筹项目招生政策向乡村初中学校倾斜"（4.20）、"加大对乡村学校课外活动支持力度"（4.16）、"实施北京市乡村教师特岗计划"（4.10）的评分较高，对"创新

表4 北京市乡村教师支持计划有关乡村中小学教师专业提升的实施情况

单位：%

项目	校长								普通乡村教师								优秀乡村教师							
	不知道	非常不满意	比较不满意	一般	比较满意	非常满意	平均分	标准差	不知道	非常不满意	比较不满意	一般	比较满意	非常满意	平均分	标准差	不知道	非常不满意	比较不满意	一般	比较满意	非常满意	平均分	标准差
提高乡村教师思想政治素质	0.4	0.4	0.8	14.6	38.7	45.1	4.28	0.77	9.2	0.6	1.4	18.0	38.5	32.4	4.11	0.81	5.8	0.4	0.9	11.5	39.0	42.3	4.29	0.75
提高乡村教师师德水平	0	0.4	0.8	13.8	37.9	47.0	4.30	0.77	8.5	0.7	1.4	16.3	38.8	34.3	4.15	0.81	5.1	0.4	0.9	10.9	37.7	45.0	4.33	0.75
支持乡村教师参加开放型教学实践活动	0.4	0.4	1.6	12.6	34.8	50.2	4.33	0.79	8.3	0.6	1.5	17.0	37.8	34.8	4.14	0.82	6.2	0.6	1.3	12.6	33.6	45.7	4.30	0.80
支持义务教育乡村教师参加跟岗脱产培训	2.8	1.6	3.2	17.8	32.8	41.9	4.13	0.94	14.6	0.9	2.0	22.4	31.8	28.3	3.99	0.89	11.9	0.5	1.6	17.1	33.7	35.1	4.15	0.83
实施乡村学校教师培训创新计划	2.8	0.8	2.0	19.0	32.0	43.5	4.19	0.87	13.2	0.6	1.5	21.4	33.9	29.4	4.04	0.84	10.9	0.5	1.0	17.3	33.9	36.4	4.17	0.82
支持骨干教师送教下乡	1.6	2.8	2.0	19.8	28.1	45.8	4.14	0.99	10.4	0.9	2.1	20.4	34.1	32.1	4.06	0.87	6.7	0.6	2.6	15.3	33.3	41.4	4.20	0.86

	校长								普通乡村教师								优秀乡村教师							
	不知道	非常不满意	比较不满意	一般	比较满意	非常满意	平均分	标准差	不知道	非常不满意	比较不满意	一般	比较满意	非常满意	平均分	标准差	不知道	非常不满意	比较不满意	一般	比较满意	非常满意	平均分	标准差
实施乡村学校校长、教学干部高级研修计划	1.6	1.2	1.2	14.2	34.0	47.8	4.28	0.84	16.0	0.7	1.4	20.2	31.9	29.8	4.06	0.85	12.8	0.6	1.3	17.3	31.5	36.4	4.17	0.85
实施乡村学校骨干教师、教研组长、骨干教师高端研修计划	2.8	1.2	1.6	24.9	26.5	43.1	4.12	0.93	15.3	0.6	1.3	20.7	32.9	29.3	4.05	0.84	12.1	0.9	0.9	16.6	33.9	35.7	4.17	0.84
实施协同创新乡村学校计划	4.0	0.8	2.0	20.9	29.6	42.7	4.16	0.89	14.7	0.5	1.1	20.8	33.3	29.5	4.06	0.83	11.7	0.6	0.9	17.8	33.5	35.5	4.16	0.83
实施乡村学科教学的指导计划	2.4	1.2	2.0	17.0	34.8	42.7	4.19	0.88	12.5	0.5	1.3	20.7	35.1	29.9	4.06	0.83	9.9	0.5	0.9	16.5	34.8	37.5	4.20	0.81
实施乡村教师学历提升计划	3.2	0.8	1.6	17.8	34.0	42.7	4.20	0.85	13.6	0.6	1.4	20.4	34.1	29.9	4.06	0.84	9.9	0.6	0.8	17.3	33.7	37.7	4.19	0.82
实施乡村教师校本研修计划	1.6	0.4	1.6	17.0	36.0	43.5	4.22	0.82	10.6	0.4	1.2	20.6	36.4	30.8	4.07	0.82	7.8	0.5	0.8	17.5	35.9	37.5	4.18	0.81
实施乡村教师网络研修社区实施计划	4.0	0.4	1.6	19.4	35.6	39.1	4.16	0.83	12.2	0.4	1.1	20.1	35.7	30.5	4.08	0.82	9.1	0.6	1.0	17.4	33.1	38.8	4.19	0.83

表5 北京市乡村教师支持计划有关乡村中小学资源配置的实施情况

单位：%

	校长								普通乡村教师								优秀乡村教师							
	不知道	非常不满意	比较不满意	一般	比较满意	非常满意	平均分	标准差	不知道	非常不满意	比较不满意	一般	比较满意	非常满意	平均分	标准差	不知道	非常不满意	比较不满意	一般	比较满意	非常满意	平均分	标准差
创新乡村教师编制管理	5.5	4.3	7.5	27.7	24.1	30.8	3.74	1.13	18.7	1.1	2.0	23.0	30.0	25.1	3.94	0.90	17.5	0.6	2.2	19.3	32.3	28.0	4.03	0.87
拓展乡村教师补充渠道	3.6	2.8	5.9	22.9	30.0	34.8	3.91	1.05	17.3	0.8	1.9	22.8	31.0	26.2	3.97	0.88	14.5	0.6	1.4	20.4	33.2	29.8	4.05	0.85
实施北京市乡村教师特岗计划	2.8	1.2	2.4	22.1	31.2	40.3	4.10	0.92	18.5	0.6	1.4	22.3	30.6	26.7	4.00	0.86	15.3	0.6	1.0	18.2	33.9	31.0	4.10	0.83
高端技术技能人才贯通培养项目招生政策向乡村学校倾斜	6.7	1.6	3.2	23.7	27.7	37.2	4.03	0.97	16.2	0.7	1.5	21.4	31.8	28.5	4.02	0.86	12.1	0.4	1.2	17.8	32.7	35.9	4.17	0.82
市级统筹项目招生政策向乡村初中学校倾斜	7.5	2.0	0.8	16.2	31.6	41.9	4.20	0.91	14.7	0.6	1.4	20.1	33.6	29.6	4.06	0.84	10.9	0.4	0.6	14.7	34.6	38.8	4.24	0.78
加大对乡村学校课外活动支持力度	1.2	2.0	3.2	17.8	30.0	45.8	4.16	0.96	10.1	0.9	1.7	20.2	35.5	31.6	4.06	0.86	6.5	0.3	1.7	14.4	36.3	40.9	4.24	0.80

	校长								普通乡村教师								优秀乡村教师							
	不知道	非常不满意	比较不满意	一般	比较满意	非常满意	平均分	标准差	不知道	非常不满意	比较不满意	一般	比较满意	非常满意	平均分	标准差	不知道	非常不满意	比较不满意	一般	比较满意	非常满意	平均分	标准差
支持乡村学校学生走进社会大课堂	0.8	2.0	1.6	11.5	31.6	52.6	4.32	0.89	7.9	0.5	1.3	17.2	37.4	35.8	4.16	0.81	4.9	0.4	0.85	10.6	35.5	47.7	4.36	0.74
支持乡村学校学生参加"游学"活动	4.7	1.6	5.9	23.3	25.7	38.7	3.99	1.03	12.3	1.1	2.0	22.1	32.1	30.4	4.01	0.89	8.7	0.6	1.6	18.2	34.0	37.0	4.15	0.85
加大对乡村学校课外活动设备支持力度	2.4	2.4	2.8	22.9	28.1	41.5	4.06	1.00	9.9	1.0	2.1	20.7	34.9	31.4	4.04	0.88	5.8	0.8	1.7	16.7	33.6	41.4	4.20	0.85
优化乡村学校图书馆建设和应用	4.3	2.8	4.3	22.5	28.9	37.2	3.98	1.03	10.5	1.2	2.5	22.1	33.3	30.4	4.00	0.90	7.0	0.5	2.3	17.9	34.2	38.0	4.15	0.86
深入推进乡村学校文化建设	2.4	2.0	3.6	19.0	34.0	39.1	4.07	0.96	9.6	0.8	1.9	21.6	34.8	31.3	4.04	0.87	6.4	0.4	1.8	15.7	36.3	39.4	4.20	0.82
鼓励优秀教师到乡村学校交流轮岗	2.4	2.8	3.6	19.8	31.2	40.3	4.05	1.01	9.8	1.9	2.7	24.2	30.4	30.5	3.95	0.95	5.7	1.0	3.0	20.9	29.4	39.9	4.11	0.93
支持乡村学校聘请外教	6.7	3.2	6.7	27.3	25.3	30.8	3.79	1.09	14.3	1.9	2.9	23.6	29.3	28.0	3.92	0.96	11.9	1.0	2.6	23.0	27.6	33.9	4.03	0.93

表6 北京市乡村教师支持计划有关乡村中小学教师奖励激励的实施情况

单位：%

	校长								普通乡村教师								优秀乡村教师							
	不知道	非常不满意	比较不满意	一般	比较满意	非常满意	平均分	标准差	不知道	非常不满意	比较不满意	一般	比较满意	非常满意	平均分	标准差	不知道	非常不满意	比较不满意	一般	比较满意	非常满意	平均分	标准差
提高乡村学校教师高级职称的比例	5.1	5.5	7.9	23.3	25.3	32.8	3.76	1.18	12.6	4.0	4.8	23.6	26.9	28.1	3.81	1.09	8.6	3.2	5.1	21.7	26.1	35.4	3.93	1.08
为乡村学校设置市级骨干教师专项指标	3.6	2.4	2.4	15.8	33.6	42.3	4.15	0.95	13.2	1.9	3.0	23.4	29.8	28.8	3.93	0.96	8.4	1.8	2.6	20.5	29.4	37.2	4.07	0.96
支持有关乡村教师租赁周转房	15.8	3.2	4.3	19.8	26.1	30.8	3.92	1.07	19.2	3.0	3.6	21.9	25.0	27.3	3.86	1.05	18.0	2.9	4.3	18.2	23.3	33.3	3.98	1.07
义务教育学段招生政策向乡村教师子女倾斜	14.2	2.8	6.7	20.2	22.9	33.3	3.90	1.11	18.3	3.3	3.6	21.1	25.7	28.0	3.87	1.06	16.3	2.2	3.5	20.6	23.1	34.2	4.00	1.03
探索建立乡村教师物质奖励机制	6.3	2.0	4.3	20.6	28.1	38.7	4.04	1.01	12.8	2.6	3.6	22.8	28.8	29.3	3.90	1.01	8.3	1.7	2.6	20.0	28.1	39.3	4.10	0.96
建立乡村教师岗位生活补助政策	2.8	0.8	2.4	13.4	32.4	48.2	4.28	0.85	9.2	2.4	3.5	21.3	31.7	32.0	3.96	0.99	5.8	1.2	2.7	18.8	28.8	42.7	4.16	0.93
支持相关区建立边远地区的其他农村教师岗位生活补助政策	7.1	0.8	2.4	13.8	32.4	43.5	4.24	0.86	11.2	2.0	2.8	21.3	31.5	31.2	3.98	0.96	6.6	1.0	2.3	18.0	30.2	41.8	4.17	0.90
建立乡村教师荣誉制度	4.0	1.2	2.4	13.4	32.4	46.6	4.26	0.88	12.4	2.0	2.7	22.7	29.7	30.6	3.96	0.96	6.9	0.9	2.3	17.8	29.6	42.5	4.19	0.90

乡村教师编制管理"（3.74）"支持乡村学校聘请外教"（3.79）的评分较低；在乡村教师奖励激励 8 项举措上，满意度评分为 3.76~4.28，对"建立乡村教师岗位生活补助政策"（4.28）、"建立乡村教师荣誉制度"（4.26）、"支持相关区建立边远地区的其他农村教师岗位生活补助政策"（4.24）的评分较高，对"提高乡村学校教师高级职称的比例"（3.76）的评分较低。

普通乡村教师对乡村教师支持计划在乡村教师专业提升 13 项举措上，满意度评分在 3.99~4.15，说明普通乡村教师对乡村教师专业提升举措的满意度较高；在乡村学校资源配置 13 项举措上，满意度评分在 3.92~4.16，也说明普通乡村教师对乡村学校资源配置的满意度较高；在乡村教师奖励激励 8 项举措上，满意度评分为 3.81~3.98，表明普通乡村教师对乡村教师奖励激励举措的满意度较低。

优秀乡村教师对乡村教师支持计划在乡村教师专业提升 13 项举措上，满意度评分在 4.15~4.33，说明优秀乡村教师对乡村教师专业提升举措的满意度较高；在乡村学校资源配置 13 项举措上，满意度评分在 4.03~4.36，也说明优秀乡村教师对乡村学校资源配置的满意度较高；在乡村教师奖励激励 8 项举措上，满意度评分为 3.93~4.19，表明优秀乡村教师对乡村教师奖励激励举措的满意度也较高。

（四）不同群体对北京市乡村教师支持计划政策目标达成度的评价

北京市乡村教师支持计划政策主要目标总结概括为，"下得去、留得住、教得好"。"下得去"指的是乡村教师支持计划能够吸引优秀的新教师入职，优秀教师、骨干教师到乡村学校任教。"留得住"指的是乡村教师支持计划能够让乡村学校的优秀教师、骨干教师在乡村学校长期任教。"教得好"指的是乡村教师支持计划能够为乡村学校教师提供专业发展的平台，有效促进专业发展。

1. "下得去"：乡村教师支持计划起到了吸引更多优秀教师到农村学校任教的作用

对"下得去"目标的评价，主要包括 3 个选项，分别是更容易招聘优秀教师、对年轻教师吸引力增强、对骨干教师吸引力增强。从不同群体的评分来看（见表7），校长对"下得去"目标达成度的评分略高于教师，但从整体上来看，对"下得去"目标达成度的评价一般。从校长、教师的座谈和访谈来看，北京市乡村中小学校长认为，自乡村教师支持计划实施以来，尤其是实施乡村教师特岗计划后，能够招聘到研究生，这在以前是很难想象的。乡村学校新入职教师反馈的信息也表明乡村教师支持计划，对毕业生有较大的吸引力。校长和教师都提到，在乡村教师支持计划实施以后，一些城区的优秀教师也愿意到乡村学校来交流。

表7　北京市乡村中小学不同群体对乡村教师支持计划"下得去"目标达成度的评价

	校长		普通乡村教师		优秀乡村教师	
	平均分	标准差	平均分	标准差	平均分	标准差
更容易招聘优秀教师	3.31	1.27	3.15	1.18	3.03	1.21
对年轻教师吸引力增加	3.51	1.24	3.29	1.17	3.27	1.18
对骨干教师吸引力增加	3.38	1.23	3.28	1.17	3.25	1.16

2. "留得住"：乡村教师支持计划在一定程度上起到了留住农村学校教师的作用

对"留得住"目标的评价，主要包括5个选项，分别是离职倾向降低、向城区学校调动的意愿降低、工作满意度增加、薪酬满意度增加、职业幸福感增加。从不同群体的评分来看（见表8），校长对"留得住"目标达成度的评分在4.04~4.18，评价较高，明显高于教师；普通乡村教师对"留得住"目标达成度的评分在3.61~3.76，评价良好；优秀乡村教师对"留得住"目标达成度的评分在3.83~4.05，略高于普通乡村教师，对"工作满意度增加"的评分达到较高水平。从各区上报的数据来看，自乡村教师支持计划实施以来，农村学校教师向城区学校调动的人数减少了11.97%。

表8 北京市乡村中小学不同群体对乡村教师支持计划"留得住"目标达成度的评价

	校长		普通乡村教师		优秀乡村教师	
	平均分	标准差	平均分	标准差	平均分	标准差
离职倾向降低	4.17	1.03	3.71	1.09	3.83	1.19
向城区学校调动的意愿降低	4.04	1.06	3.75	1.08	3.98	1.06
工作满意度增加	4.18	0.91	3.76	1.02	4.05	0.94
薪酬满意度增加	4.08	0.95	3.61	1.07	3.87	1.00
职业幸福感增加	4.12	0.92	3.65	1.06	3.95	1.00

3. "教得好":乡村教师支持计划对农村学校教师专业提升起到了较好地促进作用

对"教得好"目标的评价（见表9、表10和表11），校长对11项内容进行了评价，围绕师德水平、教育理论、专业知识、专业能力、自主发展等方面，评分在4.16~4.49，说明校长对"教得好"目标达成度评价较高；普通乡村教师对12项内容进行了评价，围绕师德水平、教育理论、专业知识、专业能力、自主发展等方面，评分在3.79~4.35，在"有更多的时间和精力钻研业务""减少了一些后顾之忧，能够更加安心地从事教育教学工作""有更多的精力去了解学生的学习状态，并努力关心每位学生"题目上评价较低；优秀乡村教师对12项内容进行了评价，围绕师德水平、教育理论、专业知识、专业能力、自主发展等方面，评分在3.94~4.56，除对"有更多的时间和精力钻研业务"评价较低外，对其余题目的评价较高。

表9 北京市乡村中小学校长对乡村教师支持计划"教得好"目标达成度的评价

选项	平均分	标准差
教师的师德水平得到提升	4.27	0.78
教师的专业知识水平得到提升	4.16	0.83
教师的专业能力得到提升	4.17	0.81
教师的自主发展能力得到提升	4.20	0.79
组织了教师师德方面的培训	4.46	0.74
组织了教师专业知识专业能力方面的培训	4.49	0.72
教师队伍更加稳定,能够更加安心地从事教育教学工作	4.35	0.79

续表

选项	平均分	标准差
教师工作的积极性和投入度有所提高，能够花更多的时间和精力钻研业务	4.30	0.82
教师学习专业知识和教育理论的热情提高了	4.22	0.85
教师与学生的关系更加融洽了	4.39	0.72
教师的凝聚力更加增强了	4.40	0.74

表10 北京市乡村中小学普通乡村教师对乡村教师支持计划"教得好"目标达成度的评价

选项	平均分	标准差
师德水平得到提升	4.21	0.87
专业知识水平得到提升	4.12	0.89
专业能力得到提升	4.11	0.89
自主发展能力得到提升	4.08	0.89
组织了教师师德方面的培训	4.19	0.87
组织了教师专业知识专业能力方面的培训	4.20	0.86
减少了一些后顾之忧，能够更加安心地从事教育教学工作	3.91	1.03
学习专业知识和教育理论更加有热情了	4.05	0.91
有更多的时间和精力钻研业务	3.79	1.09
有更多的精力去了解学生的学习状态，并努力关心每位学生	3.93	1.02
更加理解如何尊重学生，能够做到不打骂、不讽刺、不挖苦、不刁难任何一位学生	4.32	0.84
能够接受学生在学业表现上的差异，不歧视任何一位学生，并努力做到有针对性地帮助学生改进学习方式	4.35	0.83

表11 北京市乡村中小学优秀乡村教师对乡村教师支持计划"教得好"目标达成度的评价

选项	平均分	标准差
师德水平得到提升	4.41	0.80
专业知识水平得到提升	4.32	0.82
专业能力得到提升	4.31	0.82

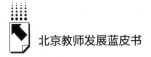

续表

选项	平均分	标准差
自主发展能力得到提升	4.28	0.82
组织了教师师德方面的培训	4.36	0.81
组织了教师专业知识专业能力方面的培训	4.40	0.79
减少了一些后顾之忧,能够更加安心地从事教育教学工作	4.14	0.97
学习专业知识和教育理论更加有热情了	4.26	0.83
有更多的时间和精力钻研业务	3.94	1.06
有更多的精力去了解学生的学习状态,并努力关心每位学生	4.13	0.97
更加理解如何尊重学生,能够做到不打骂、不讽刺、不挖苦、不刁难任何一位学生	4.52	0.75
能够接受学生在学业表现上的差异,不歧视任何一位学生,并努力做到有针对性地帮助学生改进学习方式	4.56	0.73

(五)不同群体对北京市乡村教师支持计划政策的整体满意度

北京市乡村教师支持计划政策,旨在通过一系列切实有效措施加强首都中小学乡村教师队伍建设,从而进一步缩小城乡师资水平差距,让每名乡村孩子都能接受公平、有质量的教育。

从整体上来看(见表12),北京市乡村中小学校长、普通乡村教师、优秀乡村教师对乡村教师支持计划的满意度分别为 3.95、3.63、3.75,处于良好的水平,说明3个群体对乡村教师支持计划都有较高的认可度。从乡村教师支持计划政策对教师发展、学生发展和学校改进的作用来看(见表13、表14和表15),校长认为乡村教师支持计划对教师发展的促进作用较大,而普通乡村教师和优秀乡村教师则认为对教师发展有一定的促进作用;校长认为乡村教师支持计划对学生发展的促进作用较大,而普通乡村教师和优秀乡村教师则认为对学生发展有一定的促进作用;校长认为乡村教师支持计划对学校改进的促进作用较大,而普通乡村教师和优秀乡村教师则认为对学校改进有一定的促进作用。

表 12　北京市乡村中小学不同群体对乡村教师支持计划整体的满意度

群体	非常不满意	比较不满意	一般	比较满意	非常满意	平均分	标准差
校长	2.4%	6.7%	17.4%	40.3%	33.2%	3.95	1.00
普通乡村教师	3.0%	7.7%	31.8%	38.0%	19.5%	3.63	0.98
优秀乡村教师	5.7%	7.8%	20.5%	38.3%	27.8%	3.75	1.12

表 13　北京市乡村中小学不同群体对乡村教师支持计划促进教师发展的符合程度

群体	非常不符合	比较不符合	一般	比较符合	非常符合	平均分	标准差
校长	1.2%	3.2%	19.4%	42.3%	34.0%	4.05	0.88
普通乡村教师	1.7%	5.4%	32.5%	41.6%	18.8%	3.70	0.89
优秀乡村教师	2.1%	4.5%	21.9%	44.2%	27.2%	3.90	0.92

表 14　北京市乡村中小学不同群体对乡村教师支持计划促进学生发展的符合程度

群体	非常不符合	比较不符合	一般	比较符合	非常符合	平均分	标准差
校长	1.2%	3.6%	18.6%	43.5%	33.2%	4.04	0.88
普通乡村教师	1.7%	5.5%	31.6%	42.5%	18.7%	3.71	0.89
优秀乡村教师	1.9%	6.0%	20.6%	45.1%	26.3%	3.88	0.93

表 15　北京市乡村中小学不同群体对乡村教师支持计划改进学校的符合程度

群体	非常不符合	比较不符合	一般	比较符合	非常符合	平均分	标准差
校长	2.0%	4.7%	14.2%	44.7%	34.4%	4.05	0.93
普通乡村教师	1.8%	5.9%	32.2%	42.1%	18.0%	3.68	0.90
优秀乡村教师	2.3%	4.8%	21.5%	45.1%	26.2%	3.88	0.93

　　对北京市乡村中小学的不同位置、学段、校长、教师进行差异分析，深入了解不同群体对乡村教师支持计划政策的满意程度。从学校位置（农村的平原地区、半山地区、深山地区）来看，不同位置学校校长的满意度之间没有显著性差异；来自不同位置学校的普通乡村教师的满意度之间存在显

著性差异，深山地区学校普通教师（3.80）的满意程度，显著高于半山地区学校普通教师（3.63）和平原地区普通教师（3.63）；来自不同位置学校的优秀乡村教师的满意度之间没有显著性差异。从北京市乡村中小学不同学段（小学、初中、高中）来看，不同学段校长的满意度之间没有显著性差异；不同学段普通乡村教师的满意度之间存在显著性差异，小学普通教师（3.71）的满意程度显著高于初中普通教师（3.54）和高中普通教师（3.60）；不同学段优秀乡村教师的满意度之间存在显著性差异，小学优秀教师（3.86）的满意程度显著高于初中优秀教师（3.66）和高中优秀教师（3.63）。从北京市乡村中小学校长职级和教师职称来看，不同职级校长的满意度之间没有显著性差异；不同职称普通乡村教师的满意度之间存在显著性差异，未评级普通教师（3.86）和二级职称普通教师（3.75）的满意程度，显著高于一级职称普通教师（3.58）和高级职称普通教师（3.58）；不同职称优秀乡村教师的满意度之间没有显著性差异。由此看出，校长在学校位置、学段和职级上都没有显著性差异，深山地区学校教师、小学教师、职称较低教师的满意程度更高。与对乡村教师支持计划政策认知度一样，深山地区学校教师、小学教师的评分较高。对于职称较低的教师，乡村教师支持计划政策为之提供了如"青蓝工程"等相应的培养培训项目，受益较大。

四　北京市乡村教师支持计划的区域经验

结合各区教育发展的实际情况，各区加强科学规划，加大统筹力度，稳步有序推进各项改革，取得了阶段性的成果，形成了区域经验，有力促进了区域乡村学校教育的优质、均衡发展。

（一）通过改革创新、优化布局和政策保障，统筹规划区域教育发展，促进乡村教育质量的快速提升

1. 以学区制改革为驱动，带动乡村教育水平的提升

H区于2015年启动学区制改革，积极创设北部教育发展的新生态。在

北部地区，将原有的 4 个学区整合为 2 个学区，积极搭建各类资源的统筹平台，与当地镇政府紧密合作，依托地区优势，共谋学校发展，共解教育难题，推动了地区教育水平的快速提升。

2.通过优化区域教育布局、加大优质教育资源整合，持续扩大乡村优质教育规模

H 区在北部地区高标准新建成一批学校，并通过委托承办、集团化办学等方式，全面引进优质学校资源，实现学校高起点发展。2015 年以来，共计增加优质学位 1 万余个，较大程度上满足了北部地区居民对优质教育资源的需求。

3.制定相关配套政策，有力保障乡村教师支持计划顺利实施

H 区科学谋划，加大对北部地区教育发展的政策支持力度。按照北京市部署，H 区根据上级文件精神，结合本区实际，制定、出台了《H 区乡村教师队伍建设实施细则》《H 区乡村教师生活补助实施细则（试行）》《北京市 H 区教育委员会关于 H 区实施乡村教师生活补助的补充通知》《H 区关于进一步做好城乡义务教育一体化有关工作的实施方案》《关于推进中小学集团化办学的实施意见》等相关政策文件，在学校建设、人员编制、教师待遇等方面持续向北部地区倾斜，优先满足农村学校发展需求，着力改善农村学校办学条件，并为之提供良好的政策和环境保障。

（二）统筹抓好干部教师队伍建设，全面提升乡村教师思想政治素质和师德水平

1.坚持党建引领，发挥基层党组织战斗堡垒作用

自 2016 年开始，P 区利用寒暑假开办书记、校长领导力提升培训班共计 6 期，开办校级干部任职资格培训班、卡耐基培训班、书记培训班等共计 9 期，累计培训近 6000 人次。成立首个书记工作室，提升基层党建工作的科学化水平。通过在思想上"领"、在经验上"传"、在工作上"帮"，夯实基层党建基础。启动教育系统 19 所党校基地校，深入推进党员干部教育向基层延伸，让党员坚定信仰，增强使命感。加强思想政治教育，要求领导

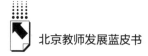

干部每年读书不少于 12 本，参加集体学习每月不少于 2 次；围绕十九大和习近平总书记系列重要讲话精神开办党课 180 余场次，党员覆盖率达 100%。每年组建 10 人的"百姓故事宣讲团"，走进学校、走进乡村宣讲 10 余场，直接听众达 1500 余人，通过宣讲改革开放新变化、精神文明新风尚、师德师风新面貌，弘扬社会正能量。

2. 实施"双积分"管理，狠抓干部教师队伍建设

2017 年，P 区启动了师德师风建设工程，建立了党员积分和师德积分相融合的"双积分"机制。以师德建设为目标，以积分量化为手段，通过及时、公开、准确的评价，规范党员干部和教师的教育教学行为，调动教师工作积极性，促进学校管理精细化，促进教育教学各项工作有效落实。在"双积分"机制管理的推动下，教师无私奉献精神大大增强。"双积分"机制的落实，得到了市领导的充分肯定，涌现出了 P 区 L 中学、P 区一园、P 区六小等先进单位。2019 年，P 区某中学获得"全国教育系统先进集体"称号，有两名教师分别被授予"全国模范教师"和"全国优秀教师"称号。

（三）严格编制管理，探索"周转池"等编制管理方式，提高编制使用效率

为了增加一线教师数量，提高编制使用效率，近几年来，R 区、F 区等区通过加强编制管理，在编制总量不变的前提下，深挖潜力，均衡配置，盘活存量，尤其在"周转池"等编制管理方式上进行了探索，取得了良好的效果。

1. 严格编制管理，并制定了在编不在岗人员管理办法，确保编制得到充分使用

R 区教委依据有关文件，结合学校办学规模、师资结构等因素，核定人员编制、岗位设置。各单位内设机构数、领导干部职数，按照区教委批复设定，不得突破。将向各单位核拨的绩效工资与人员编制直接挂钩，并根据学校应有编制，对缺编单位按照实有教师数核拨，对缺编人数则按照标准的一定比例核增绩效工资；对超编单位按照应有教师人数标准核拨，对超编人数则按标准的一定比例核减绩效工资并逐年递减。超编单位需逐步减少聘请劳务派遣人员从事工勤和教学辅助工作的次数，区教委将缩减下拨的临时工工资。各单位要全面清理中小学校在编不在岗人员，严禁挤占、挪用中小学教职工编制，违反规定将追究单位主要领导及相关人员的相应责任。

根据《北京市 R 区人力资源和社会保障局关于做好机关事业单位"在编不在岗"人员整改工作的通知》精神，R 区教委对所属事业单位"在编不在岗"人员的工资发放情况进行核查，发现各单位工资发放办法不一致。由于上述文件对基本工资发放有明确要求，但绩效工资发放办法没有明确规定。为统一区教委所属事业单位病、事假人员工资的发放标准，经认真研究并积极与周边区进行沟通，特制定了《北京市 R 区教育委员会关于所属事业单位病、事假人员工资发放办法（试行）》，于 2019 年 5 月起实行。

2. 盘活存量，建立教育系统编制"周转池"

为创新教育系统编制管理方式，进一步盘活全区编制存量资源，F 区建立教育系统编制"周转池"，在加大内部挖潜力度、优化编制资源配置上，探索新路径。一是科学分析，建"周转池"。F 区按照市级有关精神，结合工作实际，制定了《创新区级教育系统事业编制"周转池"方案》，从全区事业编制空编中调剂编制，建立区级教育系统事业单位编制"周转池"，统筹管理、单列使用，进一步缓解了 F 区教育系统尤其是中小学教师编制紧张问题。二是专编专用，完善配套。周转编制仅限于区教委所属中小学用于补充专任教师，同时明确周转编制人员在人事管理、经费保障及社保制度衔接上与正式在编人员同等待遇，充分发挥编制资源在教职工队伍建设中的导向和激励作用。三是严格评估，动态管理。区委编办每年年中、年末分别对"周转池"编制使用效能情况进行评估，会同区教委实行实名制管理。同时，逐步建立人编互动、精准投放的编制管理新模式，当使用单位自身出现空编时，由区委编办回收周转编制并实现循环使用，确保周转编制"放得出、收得回"。

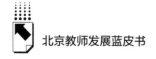

北京教师发展蓝皮书

（四）多措并举，不断拓展乡村教师补充渠道，为乡村教师队伍建设"持续供血"

为优先保障乡村学校师资配备，在总体缺编、进京指标紧张的情况下，各区采取各种措施，补充乡村教师来源，以满足乡村学校教师的用人需求。

1.选聘社会化教育人才，打通用人渠道，突破体制壁垒，补充乡村教师来源

为进一步推进基础教育综合改革，创新人事管理机制，拓宽师资补充渠道，打破编制对教师队伍发展的限制，T区根据教育事业发展规划和学校实际发展需要，2009年T区教委颁发《T区社会化教育人才选聘试行办法》，选聘优秀的社会化教育人才进入教师群体。区教委统筹社会化人才的聘用和管理、使用，合理储备师资，优化师资配置。探索实施"区管校聘"方式，进一步提高社会化教育人才的使用效率。

《T区社会化教育人才选聘试行办法》规定，社会化教育人才试用期为半年，试用期满后，由区教师服务中心组织考核。试用期满考核合格的，正式纳入社会化教育人才管理系统；参照在编教职工标准对社会化教育人才进行绩效考核和师德考核，对其考核的优秀指标按在职教职工优秀指标标准单列，并实行师德负面清单制度。除上级有明确规定外，社会化教育人才享有与区属在编教师同等的培养培训和奖励评优机会。区教委相关部门和用工单位，通过组织社会化教育人才参加岗前培训和日常进修，缩短适用期，提高教育教学能力。符合中小学教师职称评审条件的社会化教育人才，可以参照用人单位同类人员参加职称评审。

社会化教育人才与区属在编教师实行同工同酬，工资待遇参加在编同类人员岗位绩效工资制度核定，公用经费等其他直接核算标准与在编人员一致，所需资金列入年度预算。社会化教育人才专项资金每年核定一次，薪酬标准根据实际情况及政策要求适时调整。中小学月均税前工资14073元，核年收入168876元；幼儿园月均税前工资12626元，核年收入151512元。现已招聘优秀社会化教育人才122名。

2. 实施"银龄计划"，拓展乡村教师来源

为有效拓展乡村教师来源，适应中高考改革带来的"走班制"需求，解决乡村中小学教师短期不足的问题，M 区教委于 2018 年初启动了教师队伍建设"银龄计划"，即面向全市招聘近 5 年退休的特级教师和本区以及外区近 3 年退休的普通教师。这是区教委探索教师"区管校聘"、丰富"共享教师"内涵、统筹高效使用师资力量、推动教育优质均衡发展的重要举措。经过征集学校需求、社会公开招聘、教委试讲考核、学校签订协议等程序，一些身体健康、热爱教师事业的退休教师，在教育战线上发挥余热，教书育人。实施"银龄计划"是 M 区在新形势下教育发展方面做出的有力探索，也是在教师队伍建设方面对体制机制的大胆创新。充分发挥退休教师余热，优化配置优质教育资源，实现教师由"输血"到"造血"的转变，力争以"好教师"促"好课堂"，育"好学生"，建"好学校"。

3. 全区招聘外籍教师，为乡村学校英语学科补齐教师短板

对乡村学校学科教学，北京市加大了指导力度。为落实北京市对乡村学校聘请外籍教师的相关精神，M 区教委于 2017 年发布了《M 区中小学外籍教师聘用与管理指导意见（试行）》《M 区中小学外籍教师聘用与管理指导意见补充规定》《M 区教育系统外籍教师考核暂行办法》，这些文件对外籍教师聘用条件、薪酬待遇及各方面的管理要求做出了明确的规定，每年定期对外籍教师进行考核。区教委推动建立多部门联合协作的工作机制，细化外籍教师管理的重点、难点，不断加强对外籍教师的规范管理。区教委会定期召开外籍教师管理会议，不仅从教委层面对学校在聘请外籍教师的政策、法规、聘用条件、安全、管理、经费等多方面进行培训，而且还多次请区公安分局治安支队出入境管理中队和内保大队的同志来向学校讲解聘请外籍教师的相关法律规定和日常管理方法，进一步促进外籍教师管理的规范化和制度化。

2018 年，M 区教委对"M 区外籍教师参与英语教学项目"进行公开招标采购。评选出 5 所社会信誉度好、有丰富外籍教师资源和聘请经验的社会机构作为供应机构，为各校提供服务。外籍教师上岗，需要先"考试"，同时，区教委会对第三方公司进行满意度调查，以保证外籍教师的质量。另

外，M 区的外籍教师不仅是学生的外籍教师，也是英语老师的外籍教师。很多学校的外籍教师不仅要参与本区教师培训、参加社团活动等，还要给中国的英语老师传授经验。以 M 区 T 中心小学为例，外籍教师每学期都有"听课、展示课"的任务。截至 2019 年，全区 35 所学校配备外籍教师 52 名，经费 1800 余万元。

（五）通过实施"六大工程"，不断提升乡村教师素质

N 区结合当前教育领域综合改革形势，坚持"问题导向、突出重点、研训一体、开放创新、服务教师"的工作原则，完善教师分类、分层、分岗培训机制，大力实施乡村教师培训的"六大工程"，加快乡村教师向"一专多能""复合型人才"发展。

1. 开放共享工程

根据《北京市中小学教师开放型教学实践活动计划（2016—2020 年）》，组织全区进行开放型教学实践活动。同时扩大实践活动范围，制定区级 700 名骨干教师教学实践活动开放计划，实现优质智力资源不断向乡村学校流动。

2. 协同创新工程

充分整合高等学校、市级教师培训机构、区教师研修机构和市区内中小学的优质资源，优先支持乡村学校，扩大优质资源供给。实施"六校协同创新学校计划项目"，依托北京教育学院专家资源，通过理论学习、课堂实践，提高物理、数学、化学三个薄弱学科的教学水平。组建团队，营造共研共学氛围。N 区根据乡村学校所在的行政区域、学段结构、优质资源分布等因素，由城内优质学校牵头，组成 14 个学习共同体，借助老校长下乡、老教协支教团、学区教学质量提升项目，进行手拉手帮扶，并围绕教师队伍建设、课程建设、课堂教学、中考改革，定期开展教学研究、互相访学、磨课研课、联片教研、专题研究等活动，提升乡村学校办学品质。

3. 名师伴飞工程

成立 35 个学科名师工作室，入室成员向乡村学校教师倾斜，聘请市区级学科名师，在乡村学校创建"一师一品"工作坊，以学科为单位，通过

工作坊式研修，帮助乡村教师形成个人教育教学的特色与风格。对乡村学校工作坊的新教师，实施"1-3-6"阶梯式发展项目，即一年入门、三年合格、六年成骨干，实现乡村学校教师队伍的可持续发展。乡村学校多名校长入选"N区校长研究工作室""北京市名校长发展工程"，通过参加高端培训，提高乡村学校校长综合素养，缩小城乡学校的办学差距。

4. 校本筑基工程

依据《北京市教育委员会关于加强中小学教师校本培训工作的意见》（京教函〔2015〕190号），N区研制、出台《N区"十三五"校本培训工作实施意见》，加强校本培训实施力度，通过帮扶指导、专题研究、展示交流、评选表彰等形式，推进乡村学校内涵式发展。

5. 网络研修工程

深化"供给侧改革"，制定"菜单式"培训课程，利用N区教育云平台，联合网络研修机构，深挖本地骨干教师、名优教师资源，加强互联网环境下教师自主学习的课程建设、学习资源建设，开发研训一体化课程300余门，为乡村教师提供方便、快捷的新型研修、学习平台，做到不出校门，就能享受到优质培训。

6. 教育国际化工程

为乡村学校聘请外籍教师，提升师生口语表达与交际能力，促进N区学校与国外学校、教育团队之间的交流与合作。与北京国际教育交流中心合作，举办暑期英语夏令营、暑期英语教师培训班，提高英语教师综合素质和口语表达能力。

（六）探索"区管校聘"管理模式，推动城镇优秀教师向乡村学校流动

1. 健全交流共享机制，推动乡村教师队伍高质量发展

M区通过"建立三个机制、实施一项计划"，加强师资的统筹使用，全面提升乡村教师队伍的专业水平。一是建立城乡一体化帮扶机制，立足"强扶弱、弱学强"的发展理念，将城乡学校结为17个发展共同体，提升

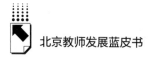

薄弱学校的教师水平。二是建立校际岗位竞聘机制，改革传统的区内调动方式，区教委统一组织公开岗位竞聘，变单向流动为双向选择。三是建立"共享教师"机制，通过开展"名师送教""特级教师进山支教"等活动，构建"共享教师"工作机制。"共享教师"机制是 M 区在"区管校聘"改革体制下提出的教师管理和使用的新模式，通过"教师共享"实现优质资源的共享。四是实施"银龄计划"，设立专项资金，面向北京市公开招聘退休特级教师和优秀高级教师赴 M 区任教。

2. 探索"区管校聘"管理模式，促进城乡教师交流轮岗

为深化教师管理体制机制改革，优化教师资源配置，促进城乡教育优质均衡发展，Y 区印发《推进中小学教师"区管校聘"管理改革实施方案（2020—2022）》，通过严格学校编制管理、规范学校岗位设置、建立竞争上岗机制、推进校长教师交流轮岗和完善教师管理制度等措施，促进义务教育均衡优质发展，大力推进教育公平，有效提升乡村教师队伍整体活力。

（七）建立多种形式的激励机制，不断提升乡村教师社会地位和职业幸福感

1. 落实职称（职务）评聘和骨干教师评选向乡村学校倾斜政策

R 区调整乡村学校教师职称结构比例，与城区学校保持总体平衡，要求镇区学校在高级教师职称评审时，必须有两年及以上的在薄弱学校或农村学校任教的经历，同时增设山区、农村新建校高级指标，逐步提高乡村学校教师高级职称比例。实施乡村骨干教师支持计划，职称评选中单设山区教师名额，严禁以任何形式挤占乡村学校职称指标，将市区级骨干教师、学科带头人评选指标进一步向乡村学校倾斜。R 区将各类骨干教师（学科带头人除外）分配指标的 20% 作为农村专项指标。2016 年职称改革后，中小学教师晋升高级教师职称（职务）时，要求有在乡村学校或薄弱学校任教一年及以上的经历。

2. 多措并举，不断提高乡村教师生活待遇

2017 年 10 月，C 区以补发形式，正式落实北京市乡村教师岗位生活补

助政策。纳入乡村学校范围的学校（含幼儿园）教职工，从 2016 年 9 月起按月享受乡村教师岗位生活补助，乡村学校教职工每月平均增收 1500 元。乡村教师岗位生活补助政策的落实，在很大程度上起到了稳定乡村教师队伍的作用，增强了乡村学校对优秀师资的吸引力。进一步完善义务教育学校绩效工资方案，2019 年，在市教委统一部署下，C 区较快地完成了义务教育学校绩效工资方案的完善工作。此次调整是在有一定增量的基础上，对原有义务教育学校绩效工资方案进行完善。绩效工资分配，坚持"多劳多得，优绩优酬"原则，给予学校更多的绩效工资分配权，将绩效工资向班主任、骨干教师、一线教师、艰苦岗位倾斜。通过此次完善，优化了绩效工资结构，有利于发挥绩效工资的奖励作用。继续实施山区教师补助政策，按照深山地区、半山地区、浅山地区、平原地区次序，每月为教师分别补助 600元、400 元、300 元、100 元；年度绩效奖励向乡村教师倾斜，深山地区中小学教师一次性奖励 4000 元。按照每人每年不低于 800 元的标准，保证乡村教师免费享受一次常规体检；由教育工会牵头，做好乡村教师遭遇重大疾病、自然灾害及其他突发事件的救助、帮扶工作。

3. 落实人才租赁住房制度，保障乡村教师安心从教

依据北京市 T 区住房保障和住房制度改革工作领导小组印发的《T 区人才租赁住房管理办法（修订版）》，T 区教委制定了《T 区教育系统人才租赁住房管理细则》，安排 1000 套租赁用房，有效破解乡村教师"住房难"问题，充分发挥住房在稳定和吸引人才方面的激励保障作用。

（八）以立体式宣传为着力点，建立乡村教师荣誉制度，绽放师德榜样魅力

P 区通过多种方式，以立体方式宣传乡村教师，提升乡村教师职业的幸福感。

1. 建立表彰机制

每年利用"教师节""六一""市级优秀班主任"评选等节点进行表彰活动，树立榜样。定期举行区校级师德报告会、师德标兵评比、学生喜爱的

好老师评选等活动，激励乡村教师培植高尚师德。

2.通过榜样人物推选，提升乡村教师职业成就感、幸福感、获得感

近几年来，教育系统多人次获得"首都劳动奖章""首都十大教育新闻人物""市级优秀思想政治工作者""首都精神文明建设奖""P区榜样"等荣誉称号。

3.通过多种媒体宣传榜样，营造全区上下敬业乐业的好风尚

对优秀师德教师的事迹，P区教育微信公众号推送宣传达130人次，P区融媒中心报道65人次，区级以上主流报刊登载报道30余篇，充分展示了P区教育工作者爱岗敬业、无私奉献的大美形象，提升了P区教育的影响力。大力倡导尊师重教的社会风气，努力提高乡村教师的社会地位。

4.开展乡村学校从教满30年、20年优秀教师奖励工作

为积极落实市教委对乡村学校从教满30年、20年优秀教师奖励政策，根据评选基本要求，严格制定具体标准，综合考虑乡村教师思想政治和师德表现、教育教学能力和水平、工作实绩和贡献大小，坚持公开、公平、公正原则，确保报送人选的质量。将各类优秀教师、优秀教育工作者、师德榜样评选表彰工作，向乡村教师倾斜，充分认可乡村教师的实际贡献，切实提升乡村教师职业荣誉感，进一步优化全社会尊师重教的良好氛围。

五 北京市乡村教师支持计划政策推进中的问题

系统梳理11个区总结自评报告，综合分析通过问卷调查、座谈、访谈等方式收集到的资料，发现北京市乡村教师支持计划政策在推进中存在如下问题。

（一）对乡村教师支持计划政策的认知度与宣传力度有待增强

从北京市乡村中小学不同群体对乡村教师支持计划的评价，以及对乡村教师支持计划具体举措的了解来看，有不少乡村学校校长、教师，特别是普通乡村教师，对乡村教师支持计划政策的认知度不高，而且未评级教师和二

级职称教师由于在乡村教师支持计划政策颁布时，处于入职初期或尚未入职时期，他们对乡村教师支持计划政策的目标、政策内容了解不多，大多只知道乡村教师岗位有生活补助。因此，乡村教师支持计划政策的宣传与解读力度有待增强。只有乡村教师支持计划政策实施对象，对该政策及其配套实施细则有足够的了解和理解，才能体会到国家和北京市对乡村学校教师的关怀，才能有利于政策的推进和落实，才能激发广大乡村教师的工作积极性和职业幸福感，也才能更好地实现乡村教师支持计划"下得去、留得住、教得好"的目标。

（二）乡村教师专业水平仍有待进一步提升

虽然有很多乡村中小学校长、普通教师、优秀教师认为乡村教师支持计划对乡村学校教师专业发展水平有一定的提升作用，但是乡村教师专业水平提升的幅度还不够，主要体现在以下几个方面。

1. 农村教育和城区教育水平还存在较大差距

农村教师在学历、专业理念、专业能力、教育教学质量、专业发展视野等方面仍存在不足。从 2018 年的北京市中小学城乡专任教师本科及以上学历的比重来看，城区学校比重为 96.40%、农村学校比重为 93.37%，城区学校比农村学校高 3.03 个百分点。[①] 从中小学校发展的困难来看，54.15%的校长选择"教师的专业水平有待提升"，36.76%的校长选择"教师视野狭窄"。从中小学教师发展遇到的困难来看，49.03%的优秀乡村教师和39.38%的普通乡村教师选择"视野狭窄，外出考察学习机会少"。

2. 部分农村教师存在发展意愿不强烈的问题

在生活补助不与岗位挂钩，不与业绩挂钩的情况下，一小部分农村教师安于现状，缺乏专业发展的动力，消极对待教育教学改革，仅仅将教师工作当作谋生手段，而不是将之提高到实现个人价值和社会价值的高度。

---

① 中华人民共和国教育部发展规划司主编《中国教育统计年鉴（2018）》，中国统计出版社，2019。

3.农村学校教师专业发展机会较少

许多优质的公开课或者培训课程,多在城区学校现场授课,而农村学校教师或者因为无人代课,工学矛盾突出,或者因为路途遥远,外出培训困难,所拥有的专业发展机会、接受培训的机会较少。从教师专业发展的困难来看,25.42%的优秀乡村教师和24.06%的普通乡村教师选择"专题培训参加机会少",33.33%的优秀乡村教师和35.03%的普通乡村教师选择"参加培训不方便,路途成本高"。

4.农村学校教师整体培训效果不佳

农村学校教师培训措施存在落实不到位的现象,特别是规模较小的农村学校学科教师人数较少,学校教师校本培训和教研工作几乎流于形式。

5.农村学校骨干教师队伍实力相对薄弱

优质的骨干教师多分布在城区学校,农村学校骨干教师数量少,且专业引领水平不够,对其他教师的示范引领作用有限。从农村学校发展的困难来看,47.83%的校长选择"高水平的学科骨干教师缺乏";从农村教师专业发展的困难来看,36.71%的优秀乡村教师和31.40%的普通乡村教师选择"名师(专家)引领少"。

(三)乡村学校教师管理体制机制有待进一步完善

1.编制标准较低

现行编制标准是2000年制定的,而根据国家、北京市的基础教育教学改革的要求,中小学教师的工作量和工作负担大幅增加,现行编制标准无法满足现有教育教学需求,农村规模较小的学校这方面的矛盾更显突出。

2.农村学校教师存在总体性超编、结构性缺编的问题

北京市农村学校大都存在学生少、教师多的问题,生师比较低。当前教师编制管理方式多是按照生师比、班师比设计的,致使部分农村学校教师存在总体性超编、结构性缺编的问题。随着中高考改革的进行,农村学校现阶段教师学科结构不合理,缺少历史、地理、音乐、体育、美术、心理等学科教师,而且农村学校高龄化现象比较突出,受生师比、工作环境、成长机遇

等因素的影响，优秀毕业生进不来，或者不愿意到乡村学校任教，导致乡村学校教师队伍青黄不接。从农村学校发展的困难来看，73.52%的校长选择"结构性缺编"，41.90%的校长选择"所教非所学教师多"，39.13%的校长选择"跨学科任教教师多负担重，专业发展困难"，37.15%的校长选择"教师年龄结构不合理，教师年龄偏大"。

3. 高级职称比例偏低

由于农村学校生师比较低，高级职称比例相应偏低。不少农村小学高级职称教师比例不足10%，远低于城区小学20%的比例。从2018年的北京市城乡专任教师高级职称比例来看，城市学校比例为18.91%、农村学校比例为12.23%，城市学校比农村学校高6.68个百分点。[①] 从农村学校发展的困难来看，有31.62%的校长选择"高级职称比例较低"；从农村教师专业发展的困难来看，有44.62%的优秀乡村教师和47.26%的普通乡村教师选择"高级职称评定困难"。

4. 市骨干教师比例偏低

从各区上报的乡村学校在"十三五"和"十二五"期间骨干教师人数的变化来看，市骨干有所减少。从学校发展的困难来看，34.39%的校长选择"骨干教师比例偏低"。市骨干教师是由市教委组织专家评选出来的，具体较高的专业发展水平和示范引领能力，市骨干教师的数量和质量对于农村教师队伍建设具有重要的影响。

（四）乡村学校仍难以吸引优秀青年教师长期从教

尽管乡村教师支持计划政策实施以后，特别是乡村教师岗位生活补助发放以后，农村学校教师的离职意愿降低，但是对于优秀青年教师，特别是通过乡村教师特岗计划招聘来的硕士毕业生，吸引力仍不够大。即使每年都为乡村学校补充优秀青年教师，但这些优秀青年教师在履行完第一个合同期

---

① 数据来源于中华人民共和国教育部发展规划司主编《中国教育统计年鉴（2018）》，中国统计出版社，2019。

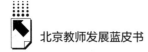

后，仍存在较多辞职或向城区调动的情况。乡村学校在一定程度上成为了毕业生落户或者入编的跳板。在城乡发展不均衡的大背景下，农村学校对优秀青年教师的吸引力仍不大。

条件更加艰苦的山区学校对优秀青年教师的吸引力更是偏小。山区学校交通闭塞、信息不畅、生活条件艰苦等因素，给山区学校造成优秀师资补充困难，在新教师招聘过程中，即使给了山区学校外地生源指标及政策倾斜待遇，有时依旧存在招不到人的情况。从农村学校发展的困难来看，41.50%的校长选择"招聘不到高学历的优秀教师"。山区学校教师，尤其是优秀年轻教师，流动意愿较强，造成了山区学校优秀师资短缺。

（五）乡村教师交流轮岗意愿较低

对农村学校教师向城镇学校交流轮岗的意愿做李克特5点计分法评价，校长、普通乡村教师、优秀乡村教师的评分分别为2.04（标准差为1.09）、2.35（标准差为1.10）、2.21（标准差为1.13），这说明无论是校长还是教师，都认为农村学校教师向城镇学校交流轮岗意愿较低。从一些区的反馈来看，部分农村学校确实出现了教师"趴窝"的现象。乡村教师岗位生活补贴发放后，乡村教师主动到城镇学校交流轮岗和学习的积极性下降了，需要有其他政策的配合实施。

（六）乡村教师岗位生活补助标准有待完善

在乡村教师岗位补助政策刚实行时，农村学校教师的收入水平得到了较大的提升，乡村教师支持计划"下得去、留得住、教得好"的目标也得到了较好地实现。但是2019年北京市新一轮绩效工资改革实施后，各区将奖励性绩效工资的大头发放权下放到各学校。各区在制定奖励性绩效工资标准时，多按照办学规模、教育教学成效等因素制定，这对规模较小的农村学校是不利的，致使农村学校的奖励性绩效工资标准与城区学校拉开了较大差距。也就是说，随着北京市新一轮绩效工资改革的实施，城区教师工资水平比农村教师工资水平提高得更多，乡村教师岗位生活补助相对就减少了，因此乡村教师岗位生活补助标准有待进一步完善。从农村教师专业发展的困难来看，有 34.24% 的优秀乡村教师和 42.55% 的普通乡村教师选择"乡村补助不高"；同时，也有部分区级财政因负担乡村教师补助而存在压力较大的问题。

六　完善北京市乡村教师支持计划的政策建议

针对北京市乡村教师支持计划实施过程中遇到的上述问题，为进一步完善该项政策，提高该项政策的实施效果，综合提出以下对策建议。

（一）顶层设计农村教师队伍建设的目标与定位

鉴于城镇化进程加快，城乡间各种现实差异的存在，要求教师尤其优秀的青年教师长期扎根农村学校并不现实。因此，应该建设一支相对稳定、动态流动（于流动中相对稳定）的乡村教师队伍。依此定位，规划、制定北京市农村教师队伍建设和相应的治理制度。以编制"十四五"教育发展规划为契机，制定乡村教师队伍建设专项规划和乡村教师培训专项规划。

（二）科学、合理界定政策实施范围与对象

科学、合理界定"乡村教师""乡村学校"的概念，参照多种因素与标准，明确乡村教师支持计划的实施范围和对象，兼顾精准与公平。对拟纳入政策范围的乡村学校进行实地考察，确保乡村学校名副其实。随着城镇化进程的加快，学校周围环境可能发生较大变化，建议每 2~3 年为一个周期对乡村学校进行重新认定。在划定乡村学校范围时，应充分尊重各区教委的意见。

（三）增强政策解读和宣传的力度

对国家和北京市的乡村教师支持计划政策，以及其他相关配套政策，要加大解读力度，对政策的目标定位、意义与价值、内容举措以及督导评估、要求等进行及时、全面解读，确保教育系统、全社会能准确理解。同时，要

通过各种渠道加大宣传力度，确保全社会、城乡学校及其教师知晓乡村教师支持计划。在实施过程中，分阶段、分专题、分主题及时进行总结、宣传。

（四）集中发力重点提升乡村教师和校长队伍的专业素质

"十四五"时期在继续推进乡村教师支持计划时，建议将政策重点放在提高乡村教师和校长队伍的专业素质上，进一步提升政治素质和师德水平，全面提高专业水平，激发队伍活力，切实提高工作绩效。

1. 设立专项培训，加大对乡村教师的养培训力度

①制定乡村教师培训专项规划，整合三级培训体系，完善分层、分类、分岗、分学科和线上线下相融合的培训体系，分区进行专项培训，提高培训的针对性和实效性。建议新一轮的乡村教师支持计划中，设立乡村教师专业素质提升工程、乡村学校校长专业素质提升工程、乡村学校管理干部专业素质提升工程、乡村学校班主任专业素质提升工程。在高层次人才队伍建设方面，设立乡村学校名师发展工程、乡村学校名校长发展工程，统筹全市资源，大力培养乡村学校高层次人才。

②适度提高乡村教师培训经费标准，完善相应的支出管理制度，增强培训经费支出的便利性。

③充分利用先进的信息技术手段，培养培训乡村教师。将城区优质培训资源、优质教科研资源辐射到乡村学校和乡村教师，开展线上"双师"教学模式，实现乡村学校教学质量与乡村教师专业素质的双提升。

2. 切实提升乡村教师的信息化素养

线上与线下教育相融合已成为现实，但乡村教师信息化素养相对低，因此有必要设立乡村教师信息技术素养提升专项工程，提升教师利用信息技术提高教育教学质量和自身专业成长的能力。

3. 全面提升乡村教师心理健康水平和心理健康教育能力

教师心理问题、学生心理问题逐渐增多，建议设立乡村教师心理健康教育专项培训，全面提升乡村教师心理健康水平和心理健康教育能力。

4. 加大城乡学校之间教师的双向交流轮岗力度

加大城乡学校之间教师的双向交流力度，重点关照乡村学校的实际需求和队伍实情，选派城区学校教师到乡村学校任教，选派乡村学校教师到城区学校进行挂职锻炼、跟岗学习，在双向交流中提升乡村教师的教育教学水平和能力，同时，也确保了乡村学校教师队伍的动态稳定。

（五）创新编制管理，补足配齐乡村教师队伍人员数量

人员数量是教师队伍建设的基础，没有人员数量就没有教师队伍的整体质量。为此，要做好如下工作。

1. 进一步创新编制管理，挖掘潜力，多渠道增加教师编制

根据中小学、幼儿园课程改革，中考改革，高考改革，课后服务等实际需求，适当提高编制标准。适度提高乡村学校教师配备标准，以适应乡村学校规模小、班额小的现实。完善编制内、社会化用工相结合的用人制度，提高非编专任教师的工资，使之不低于编制内专任教师工资的80%。培育非编制教师劳动力市场，并对之加强规范与管理。学校内工勤、教辅、保洁、保安等岗位不占用正式编制，采取政府购买服务的方式，腾出编制用于一线教师岗位。杜绝一切抽调、借调乡村教师的行为。

2. 实施"特岗教师"专项计划

继续实施"特岗教师"专项计划，为乡村学校持续补充新教师、补充高学历教师，从源头上确保乡村教师队伍的高起点、高水平。加大定向培养力度，依托北京市各院校，为各区定向培养中小学教师尤其是乡村学校教师。

（六）进一步完善集团化办学、"区管校聘"、交流轮岗等政策体系

1. 建立健全政策实施细则与经费使用办法

市区两级政府进一步出台、完善集团化办学的政策细则和相应的经费使用办法，为学校落实这方面工作提供切实、具体的指导。将乡村学校与城区学校、薄弱学校与优质学校纳入教育集团，扩大城区学校、优质学校的引

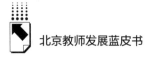

领、带动、帮扶功能。将集团化办学的成效纳入督导评估范围，并与经费、奖惩挂钩。

2.出台完善"区管校聘"政策细则

市区两级政府进一步出台、完善"区管校聘"政策细则，加强城乡间干部教师交流轮岗力度。将交流轮岗与职称评定、评先评优以及校长职级制、校长任期制等结合起来，进一步提升乡村学校干部岗位、教师岗位的吸引力。

（七）完善差异化的岗位生活补助标准

1.重新测算乡村教师岗位生活补助标准

依据市区两级财政情况、新一轮绩效工资改革中奖励性绩效工资标准，重新测算乡村教师岗位生活补助标准，确保乡村教师实际工资收入仍然具有吸引力和竞争力。

2.结合多种因素设置乡村教师岗位生活补助标准

乡村教师岗位生活补助标准，除了结合学校所在的地理位置、地域条件、交通状况之外，建议适当考虑教师的工作岗位、工作绩效、连续在乡村任教年限等因素。

3.加大对财政不足区的支持力度

对财政力量不足的区，市级财政要加大支持力度，增强市级财政补贴力度和扩大补贴学校的范围，减轻区级财政的经费负担。

B.7
融合教育背景下北京市资源教师队伍建设研究报告

杜 媛 陈瑛华[*]

摘 要: 资源教师是在普通学校中的特殊教育专业教师,是推进融合教育、支持特殊儿童的专业工作者,直接影响普通学校融合教育推进的整体质量。本报告面向北京市 16 个区的普通学校资源教师,围绕资源教师队伍的基本情况、工作状况以及工作满意度情况开展调查,共收到有效问卷 627 份。数据分析发现,当前北京市的资源教师以兼职的普通学科教师为主,专业性和稳定性不强,工作满意度处于中等偏上水平,资源教师的专兼职情况、任职时间、专业背景以及对学校支持的感受情况,均对其工作满意度产生显著影响。建议进一步完善资源教师相关管理机制,加强资源教师职前培养和职后培训,压实普通学校融合教育主体责任,切实为资源教师提供有效的专业支持。

关键词: 融合教育 资源教师 特殊教育

一 研究背景

资源教师是在普通学校中的特殊教育专业教师,是实施融合教育、支持

---

* 杜媛,博士,北京教育科学研究院特殊教育研究指导中心副研究员;陈瑛华,博士,北京教育科学研究院特殊教育研究指导中心助理研究员。

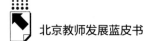

特殊儿童的专业者，其主要职责是对普通学校内的特殊学生开展特殊教育咨询、测查、评估和建档，对特殊学生进行学科知识辅导、生活辅导、社会适应性训练和基本康复训练，并为普通教师、学生家长和有关社区工作人员提供培训和咨询等服务。① 资源教师的专业化水平和工作积极性，直接影响了特殊学生在普通学校的受教育水平，进而影响普通学校融合教育推进的整体质量，这关乎教育公平在学校中的真正落地，以及高质量发展在普通学校中的全面实现。我国《第二期特殊教育提升计划（2017—2020年）》② 以及教育部颁布的《普通学校特殊教育资源教室建设指南》③ 和《教育部关于加强残疾儿童少年义务教育阶段随班就读工作的指导意见》④ 等文件，均从政策层面强调了资源教师对融合教育实践的关键作用，并对资源教师的任职资格和专业能力，提出了"原则上须具备特殊教育、康复或其他相关专业背景，符合《教师法》规定的学历要求，具备相应的教师资格，符合《特殊教育教师专业标准》的规定"和"经过岗前培训，具备特殊教育和康复训练的基本理论、专业知识和操作技能"等具体要求。⑤

北京市于1997年在原宣武区后孙公园小学建立了第一个资源教室，原宣武区是全国最早实施资源教室方案的地区，并先后出台《北京市随班就读资源教室建设与管理的基本要求（试行）》等文件，规范资源教室运行和资源教师队伍建设。至2020年，北京市共建有资源教室350余间，⑥ 覆盖

---

① 教育部办公厅：《普通学校特殊教育资源教室建设指南》，http：//www. moe. gov. cn/srcsite/ A06/s3331/201602/t20160216_ 229610. html，最后访问时间：2021年7月3日。

② 教育部等七部门：《第二期特殊教育提升计划（2017—2020年）》. http：//www. moe. gov. cn/srcsite/A06/s3331/201707/t20170720_ 309687. html，最后访问时间：2021年7月3日。

③ 教育部办公厅：《普通学校特殊教育资源教室建设指南》http：//www. moe. gov. cn/srcsite/ A06/s3331/201602/t20160216_ 229610. html，最后访问时间：。

④ 教育部：《教育部关于加强残疾儿童少年义务教育阶段随班就读工作的指导意见》http：// www. moe. gov. cn/srcsite/A06/s3331/202006/t20200628_ 468736. html，最后访问时间：2021年7月3日。

⑤ 教育部办公厅：《普通学校特殊教育资源教室建设指南》http：//www. moe. gov. cn/srcsite/ A06/s3331/201602/t20160216_ 229610. html，最后访问时间：2021年7月3日。

⑥ 陈瑛华、孙颖、杜媛等：《2020年北京市特殊教育发展研究报告》，载方中雄，桑锦龙主编《北京教育发展研究报告（2020～2021）》，社会科学文献出版社，2021，第135页。

全市 16 个区。但是，随着融合教育的全面推进，北京市普通学校对资源教师的需求越来越大，同时也面临专职资源教师缺乏①、资源教师队伍的整体稳定性和专业性严重不足等挑战，在为特殊学生提供优质教育服务、切实支持融合教育质量提升等方面仍有不足之处。本报告结合北京市融合教育推进的实际情况，通过问卷调查北京市中小学资源教师队伍建设情况，分析当前北京市资源教师队伍整体状况、工作情况以及工作满意度状况，进一步分析影响资源教师工作满意度的因素及影响机制，针对存在的问题提出北京市资源教师队伍建设、专业水平提升以及可持续发展的对策建议。②

二 研究设计

（一）研究对象

本报告采取方便取样的方式，在北京市 16 个区开展融合教育的普通中小学，利用在线问卷平台，对全市普通中小学校中的专职或兼职资源教师进行调研。累计发放问卷 654 份，覆盖了全市 16 个区所有建有资源教室的中小学校，以及部分开展融合教育工作但尚未建有资源教室的学校。剔除填答时间小于 200 秒的问卷，共收集到有效问卷 627 份，问卷有效率 95.9%。

（二）研究工具

本报告依托"北京市第二期特殊教育提升计划实施评估"项目，采用自编的《北京市资源教师调查问卷》进行调研。问卷编制过程充分借鉴了大量已有文献中关于资源教师队伍建设、专业发展以及工作满意度等问题的讨论，结合北京市融合教育开展的实际情况，充分征求北京市特殊教育市级教研员、特殊教育专家、普通学校校长等相关专业人员的修订意见。

---

① 江小英、牛爽爽、邓猛：《北京市普通中小学融合教育基本情况调查报告》，《现代特殊教育》2016 年第 19 期。
② 本研究开展时间为 2021 年 4~7 月。

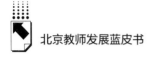

调查问卷包括 3 个部分，内容涵盖资源教师队伍的基本情况、工作状况和工作满意度。

第一部分为资源教师的基本信息，包括性别、年龄、学历、职称、教龄、专业背景以及接受特殊教育培训情况等，均为单选题。

第二部分为资源教师的工作状况，包括担任资源教师的年限、专兼职情况以及兼职资源教师的本职工作情况、从事资源教师工作的时间、服务特殊学生的数量等，均为单选题。

第三部分为资源教师的工作满意度情况。资源教师工作满意度是资源教师的一种主观价值判断，是个体主观感受上对于其工作本身和所处工作环境的心理反应，既包含了资源教师内在满意度，也包含了资源教师对工作条件、工作环境等方面的外在满意度。① 调查问卷内容包括资源教师的外在满意度和内在满意度两个部分，外在满意度从资源教师对学校支持（7 题）和区支持（3 题）的满意度两个方面进行测评，采用李克特 5 点计分法，即 1 表示"非常不满意"，5 表示"非常满意"，分值越高表示问卷填写者对该项描述的满意度就越高。问卷总体及各维度内部一致性系数（Cronbach's α系数）分别为 0.966、0.965 和 0.970，说明问卷具有较好的信度。资源教师内在满意度上采用主观赋分法测评，按照 1~10 分标准，得分越高，表示教师对从事资源教师工作的内在满意度就越高。

三　研究结果

（一）北京市资源教师队伍的基本情况

1. 总体情况

调查结果显示，北京市融合教育经过近 10 年的发展，普通学校中的专、兼职资源教师数量显著提高，从 2013 年的 111 人增加至 2021 年的 627 人，

---

① 武向荣：《义务教育教师工作满意度影响因素的实证研究》，《教育研究》2019 年第 1 期。

增长了近5倍。从学校分布来看，至2021年，北京市共有948所普通学校开展融合教育，从资源教师人数与开展融合教育的普通学校数的比例来看，目前全市至少1/3开展融合教育的普通学校仍未配备专、兼职资源教师。

2. 性别和年龄

在性别分布上，全市女性资源教师占86.3%，男性资源教师占13.7%。与北京市义务教育阶段学校专任教师的性别分布情况相比（注：2020年北京市义务教育阶段普通学校女教师占比为80.2%[①]），北京市普通学校资源教师队伍中，女教师占比仍比较高。这一结果表明，北京市资源教师的性别比例失衡问题仍普遍存在。但是，与2013年相比，[②] 北京市资源教师队伍的性别比例已经有了显著改善，男性资源教师无论在数量上还是占比上均较2013年有显著增加（见表1）。

表1 北京市资源教师性别分布情况

性别	2013年		2021年		变化情况
	人数（人）	比例（%）	人数（人）	比例（%）	
男	6	5.4	86	13.7	增加8.3个百分点
女	105	94.6	541	86.3	
合计	111	100.1	627	100	

在年龄分布上，全市资源教师中，30岁及以下教师占17.54%，31~35岁的教师占14.35%，36~40岁的教师占12.76%，41~45岁的教师占21.85%，46~50岁的教师占20.26%，51岁及以上的教师占13.24%（见表2）。整体上看，全市资源教师队伍的年龄结构较为合理，40~50岁富有

---

① 教育部发展规划司：《2020年教育统计数据·各地基本情况》，教育部网站，网址：http://www.moe.gov.cn/jyb_ sjzl/moe_ 560/2020/gedi/，最后访问日期：2021年7月3日。

② 本研究报告中关于2010年、2012年的调查数据均来自孙颖《北京市资源教室建设现状及发展对策》，《中国特殊教育》2013年第1期。该论文与本研究报告均对全市普通学校资源教师展开全口径调查，研究设计和研究取样具有一定的一致性。其中，有关研究的前后比较，仅用于说明趋势变化，而非追踪分析。以下部分如无特别说明，所引用的2013年数据均出自同一出处。

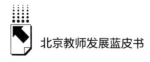

经验的教师占比较高，符合特殊教育资源教师具有一定教育教学经验的要求。

表 2　北京市资源教师年龄分布情况

年龄	人数（人）	比例（%）
30 岁及以下	110	17.54
31~35 岁	90	14.35
36~40 岁	80	12.76
41~45 岁	137	21.85
46~50 岁	127	20.26
51 岁及以上	83	13.24
合计	627	100

3. 学历和职称

在学历分布上，北京市资源教师中本科学历最多，占 82.6%，研究生学历占比达 15.3%，与北京市义务教育学校专任教师的学历分布情况大体一致（注：2020 年北京市义务教育普通学校教师具有本科学历的占比为 81.3%，具有研究生学历的占比为 15.1%）；较 2013 年北京市资源教师队伍的学历水平有了较大提高，特别是具有研究生学历的比例，从 2013 年的空白提高了约 15 个百分点，反映出资源教师队伍整体专业素质的提高（见表 3）。

表 3　北京市资源教师的学历分布及变化情况

学历	2013 年		2021 年		变化情况
	人数（人）	比例（%）	人数（人）	比例（%）	
大专及以下	9	8.1	13	2.1	
本科	102	91.9	518	82.6	
研究生	0	0	96	15.3	增加 15.3%
合计	111	100	627	100	

在职称分布上，全市未评级的资源教师占 6.7%，中级职称占 45.6%，高级职称占 15.5%，具有中、高级职称的资源教师占比合计为 61.1%。与北京市义务教育学校专任教师的职称分布相比（2020 年北京市义务教育普通学校教师具有中、高级职称的占比为 57.0%），全市资源教师中具有中、高级职称的比例显著高于全市义务教育教师队伍中的中、高级职称比例（见表 4）。

表 4 北京市资源教师的职称分布情况

学历	全市资源教师队伍		全市义务教育教师队伍	
	人数（人）	比例（%）	人数（人数）	比例（%）
未评级	42	6.7	10708	9.8
初级	202	32.2	36210	33.2
中级	286	45.6	45047	41.3
高级	97	15.5	17149	15.7
合计	627	100	109114	100

4. 教龄和专业背景

在教龄分布上，北京市资源教师队伍的教龄分布比较平均，其中，教龄在 20 年以上的最多，占 46.3%，教龄在 10~20 年的占比为 22.3%；另外，分别有教龄 5 年以下及 5~10 年的新教师 95 人和 102 人，共占 31.5%（见表 5）。

表 5 北京市资源教师的教龄分布情况

教龄	人数（人）	比例（%）
5 年以下	95	15.2
5~10 年	102	16.3
11~15 年	69	11.0
16~20 年	71	11.3
21~25 年	104	16.6
25 年以上	186	29.7
合计	627	100

在专业背景方面，以最高学历为限，全市资源教师队伍中，最高学历所学专业为特殊教育的资源教师仅占3.7%，资源教师的专业背景多样，包括：教育学类，占35.7%；学科类（如中文、数学、生物、物理等），占30.0%；艺术和体育，占8.6%；心理学，占13.9%；医学康复等其他类，占8.1%。进一步分析所有资源教师受特殊教育经历发现，北京市资源教师中仅有30人所学专业（含各受教育阶段）为特殊教育，占所有资源教师的4.8%，另有38.9%的资源教师尽管是非特殊教育专业，但是在职前系统学习过与特殊教育相关的专业课程。除此之外，全市半数以上（56.3%）的资源教师既非特殊教育专业，也从未学习过与特殊教育相关的专业课程（见表6）。

表6　北京市资源教师的专业背景分布情况

专业背景	人数（人）	比例（%）	职前特殊教育专业背景	人数（人）	比例（%）
特殊教育	23	3.7	特教专业	30	4.8
教育学类	224	35.7			
学科类	188	30.0	非特教专业，但系统学习过与特殊教育相关的专业课程	244	38.9
心理学类	87	13.9			
艺术和体育	54	8.6	非特教专业，从未学习过与特殊教育相关的专业课程	353	56.3
医学康复等其他类	51	8.1			
合计	627	100	合计	627	100

从北京市资源教师队伍建设总体情况来看，北京市资源教师队伍人数有显著增加，性别结构、学历结构均有所改善，资源教师队伍在年龄和教龄上也体现出一定的优势，但是，北京市56.3%的资源教师在职前阶段，既非特殊教育专业，也从未学习过与特殊教育相关的专业课程，这一结果与已有研究的发现一致。[①] 同时，这一情况也反映出尽管随着北京市融合教育的不断深入，但是北京市资源教师队伍的专业性仍明显不强，与北京市融合教育发展的现实需求明显不匹配。

---

① 孙颖：《北京市资源教室建设现状及发展对策》，《中国特殊教育》2013年第1期。

（二）北京市资源教师队伍的工作状况

1. 专兼职情况

北京市资源教师队伍以兼职为主，79.3%的教师均为兼职，仅有130名教师专职做资源教师工作，即专职资源教师①，占20.7%，专职资源教师的占比略低于2013年。

对于兼职资源教师，其所从事的本职工作各异，其中，教文科类学科（语文、英语、道德与法治等）的教师最多，占32.5%；从事学校管理工作的次之，占23.9%；由学校心理健康教师担任资源教师的再次之，占比16.7%；此外，还有部分教理科类学科或音乐、体育、美术学科的教师兼做资源教师。这一结果说明，当前北京市资源教师队伍的主要工作岗位以文科教学为主，并呈现丰富多样的特征，几乎涉及学校的所有学科，且有相当比例是由学校管理人员兼职承担资源教师工作（见表7）。

表7　北京市资源教师的专兼职情况和所教学科情况

专兼职情况	人数（人）	比例（%）	兼职教师所教学科	人数（人）	比例（%）
专职	130	20.7	文科类	160	32.5
			理科类	72	14.5
			音体美	61	12.3
兼职	497	79.3	心理健康	83	16.7
			学校管理工作	119	23.9
合计	627	100	合计	497	100

2. 担任资源教师的年限

在北京市资源教师队伍中，担任资源教师3年及以下的人数最多，占52.5%，担任4~6年资源教师的占27.9%，而连续担任资源教师6年以上

---

① 专职资源教师，是指在学校中仅承担资源教室管理及相关工作的资源教师，与之对应的是兼职资源教师。兼职资源教师，是指在学校中从事学科管理、教学等本职工作的资源教师。

的不足 20%，这说明北京市资源教师承担相关工作的年限整体上仍较短，大多数教师属于新手型资源教师。这一情况与 2013 年类似，这也说明北京市资源教师队伍稳定性不强的问题始终存在（见表 8）。

表 8　北京市资源教师的任职年限情况

资源教师的任职年限	人数（人）	比例（%）
1 年以下	116	18.5
1~3 年	213	34.0
4~6 年	175	27.9
6 年以上	123	19.6
合计	627	100

进一步以资源教师的专兼职情况为自变量，以担任资源教师的年限为因变量，进行单因素 ANOVA 方差分析，结果表明，在师资教师中，专职资源教师和兼职资源教师的工作年限存在显著性差异（$p<0.05$），专职资源教师的工作年限显著长于兼职资源教师的工作年限（见表 9）。这一结果进一步证实了当前北京市资源教师队伍以兼职为主、稳定性不强的情况。

表 9　北京市专兼职资源教师差异性分析

工作身份	平均值	标准差	F
专职资源教师	2.83	1.23	6.280*
兼职资源教师	2.54	1.19	

注：＊表示 $p<0.05$。

3. 资源教师的工作时间分配情况

《北京市残疾儿童少年随班就读工作管理办法（试行）》规定，"兼职资源教师在资源教室的工作量不应低于其工作总量的三分之二"。调查发现，目前全市 90.3% 的兼职资源教师从事资源教师工作的时间占比，低于其工作量的 60%；其中，36.6% 的兼职资源教师从事资源教师工作的时间，占全部工作时间的比例低于20%；35.2%的兼职资源教师从事资源教师的工作时间占比超过20%低于40%；仅有9.7%的兼职资源教师从资源教师工作的时间占比高于60%（见表10）。

表10　北京市兼职资源教师从事资源教师工作时间的占比情况

所占全部工作时间	人数（人）	比例（%）
19%及以下	182	36.6
20%~39%	175	35.2
40%~59%	92	18.5
60%~79%	30	6.0
80%及以上	18	3.7
合计	497	100

4. 服务特殊学生数量

教育部《普通学校特殊教育资源教室建设指南》规定："招收5人以上数量随班就读学生的普通学校，一般应设立资源教室。不足5人的，由所在区域教育行政部门统筹规划资源教室的布局，辐射片区所有随班就读学生，实现共享发展。"调查发现，北京市资源教师服务的特殊学生人数分布各异，5.9%的资源教师目前服务的特殊学生为0人，59.6%的资源教师服务特殊学生的人数在1~5人，34.6%的资源教师服务特殊学生的人数多于5人（见表11）。

表11　北京市资源教师服务特殊学生人数情况

服务特殊学生数量	人数（人）	比例（%）
0人	37	5.9
1人	87	13.9
2人	104	16.6
3人	70	11.2
4人	59	9.4
5人	53	8.5
5人以上	217	34.6
合计	627	100

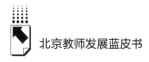

独立样本 T 检验结果发现，专职资源教师和兼职资源教师服务特殊学生的人数呈现出显著性差异，专职资源教师服务的特殊学生人数显著多于兼职资源教师的服务人数（见表12）。

表 12 北京市专兼职资源教师服务特殊学生人数的差异性分析

工作身份	平均值	标准差	T
专职资源教师	6.27	3.65	2.410*
兼职资源教师	5.42	3.21	

注：* 表示 p<0.05。

从北京市资源教师队伍工作状况来看，北京市资源教师队伍以兼职为主，担任资源教师的年限多在 3 年及以下，大部分兼职资源教师从事资源教师的工作时间不足本职工作时间的 2/3。究其原因，这与北京市至今仍未制定专职资源教师的岗位要求，以及规范的资源教师任职资格制度和准入标准制度直接相关。此外，由于部分普通学校对资源教师的工作付出没有进行客观衡量，部分普通学校对资源教师在推进融合教育中的重要作用、工作量、专业性等方面认识不足，在选择资源教师时具有一定的随意性，这使得资源教师的专业背景多样，资源教师的岗位流动性较大，投入资源教师工作的时间各异，很难保障融合教育的可持续发展。

（三）北京市资源教师的工作满意度状况及影响因素

1. 北京市资源教师工作满意度的整体情况

数据分析结果表明，北京市资源教师对工作环境的外在满意度，处于中等偏上水平；其中对区支持的满意度（4.39）高于对学校支持的满意度（4.29）。同时，资源教师主观表达的内在满意度，也处于中等偏上水平，平均值为 7.32，但标准差较大（标准差为 2.00）。这说明目前资源教师在对来自区支持的满意度较高，对来自学校的支持以及对自身从事资源教师工作的满意度均比较低，且资源教师群体内部存在较大的差异（见表 13）。

表 13　北京市资源教师工作满意度的整体情况

维度	人数（人）	平均值	标准差
对学校支持满意度	627	4.29	0.83
对区支持满意度	627	4.39	0.79
内在满意度	627	7.32	2.00

2.北京市资源教师工作满意度的差异分析

以资源教师的学历、职称、专兼职情况和专业背景等为自变量，以资源教师工作满意度总体情况及各维度的平均值为因变量，进行单因素方差分析，结果如下（见表 14）。

在专兼职情况上，专职和兼职资源教师对外在满意度不存在显著差别，但是，专职资源教师的内在满意度极其显著地高于兼职资源教师（$p < 0.01$）。

在专业背景上，具有特殊教育专业背景以及职前系统学习过与特殊教育相关的专业课程的资源教师，其对外在满意度和内在满意度，均极其显著地高于职前从未系统学习过与特殊教育相关的专业课程的资源教师（$p < 0.01$）。

在担任资源教师的年限上，担任资源教师不足 1 年的资源教师对其所在区支持的满意度显著低于任职年限为 1~3 年和 4~6 年的资源教师（$p < 0.05$），担任资源教师 10 年以上的资源教师，对区支持的满意度则显著低于任职 4~6 年的资源教师（$p < 0.05$），但是，其内在满意度极其显著地高于其他资源教师（$p < 0.01$）。

不同学历和不同职称的资源教师在对区支持满意度、对学校支持满意度和内在满意度上均无显著性差异，这说明在本报告中，学历和职称未能成为资源教师工作满意度的影响因素。

表 14　北京市资源教师工作满意度的差异情况

变量		对学校支持满意度	对区支持满意度	内在满意度
学历	a 大专及以下	4.12±0.89	4.08±0.95	7.77±1.88
	b 本科	4.28±0.83	4.39±0.79	7.34±2.02
	c 硕士研究生	4.39±0.81	4.41±0.78	7.14±1.88
	d 博士研究生	4.00±0.59	4.25±0.35	7.00±2.83
	F 值	0.76	0.74	0.51
职称	未评级	4.37±0.79	4.36±0.73	7.60±1.64
	初级职称	4.31±0.78	4.37±0.76	7.13±1.93
	中级职称	4.25±0.86	4.38±0.81	7.31±2.08
	高级职称	4.34±0.86	4.46±0.80	7.65±2.00
	正高级职称	4.38±0.95	4.50±1.00	7.00±2.16
	F 值	0.43	0.27	1.31
专兼职情况	专职资源教师	4.36±0.80	4.43±0.75	7.87±1.67
	兼职资源教师	4.27±0.83	4.38±0.80	7.17±2.05
	F 值	1.22	0.46	12.75 ***
专业背景	a. 特殊教育专业	4.50±0.73	4.57±0.64	7.63±2.22
	b. 非特殊教育专业，但系统学过特殊教育课程	4.48±0.69	4.61±0.61	7.63±1.85
	c. 既非特殊教育专业，又未学过相关课程	4.14±0.89	4.22±0.86	7.08±2.05
	F 值	13.81 ***	20.17 ***	5.97 **
	事后检验	a>c,b>c	a>c,b>c	a>c,b>c
任职年限	a.1 年以下	4.25±0.81	4.25±0.78	6.90±2.05
	b.1~3 年	4.28±0.86	4.39±0.83	7.24±1.91
	c.4~6 年	4.33±0.75	4.53±0.65	7.49±1.99
	d.7~9 年	4.31±0.88	4.44±0.84	7.04±1.95
	e. 10 年以上	4.26±0.92	4.25±0.91	8.06±2.04
	F 值	0.20	2.86 *	4.41 **
	事后检验		a<b,a<c,c>e	a<c,a<e,b<e c<e,d<e

注：* 表示 $p<0.05$，** 表示 $p<0.01$，*** 表示 $p<0.001$。

从上述关于北京市资源教师工作满意度的群体差异分析结果，可以发现如下情况。

首先，专职资源教师的工作满意度显著高于兼职资源教师，这是因为专职资源教师对所从事的资源教师工作具有更高的认同感，其内在的期待和获得感也更高。相对而言，专职资源教师在融合教育相关领域的工作时间、学习时间和研究时间更多，专业知识更为充分，这能提高专职资源教师的专业胜任能力，从而进一步积极影响专职资源教师的工作满意度。

其次，特殊教育专业毕业以及系统学习过与特殊教育相关的专业课程的资源教师，其外在满意度和内在满意度，均显著高于从未学习过与特殊教育相关的专业课程的资源教师，这与以往研究中研究者对于资源教师的特殊教育专业背景及相关专业培训的强调高度一致，[1] 资源教师通过特殊教育专业培训，获得和补充的知识可以显著提升其专业素养，也能够极大地增加其从事资源教师工作的信心和自我效能感，从而提高其工作满意度。

最后，从事资源教师工作年限越长的资源教师，其对所获得的来自区和学校支持的满意度越高，这是因为，持续投入的工作时间是教师从新手型成长为专家型教师的必要条件，资源教师所从事的工作大大增加了其原有的从事普通学科教学时的工作任务、工作难度，也大大地拓展了其人际交往范围，从事资源教师工作年限越长，不仅工作熟练程度越高，而且在工作中所获得的来自区和学校的支持也越多，因此工作满意度也会提高。

3. 资源教师工作满意度的影响因素分析

运用多层线性回归分析影响资源教师内在满意度的因素及其影响机制，结果表明，资源教师的内在满意度受多个因素的影响。在控制了资源教师的人口学信息（性别、年龄、教龄、学历、职称）之后（模型Ⅱ），资源教师的专兼职工作身份（$\beta = -0.14$，$p < 0.001$）以及特殊教育专业背景情况（$\beta = -0.10$，$p < 0.01$）对资源教师的内在满意度均具有显著影响（$\Delta R^2 = 0.045$，$p < 0.001$）；当控制了资源教师自身信息以及工作状态信息之后（模型Ⅲ），资源教师的专兼职工作身份（$\beta = -0.14$，$p < 0.001$）、担任资源教师的工作时间

---

① 冯雅静、朱楠：《随班就读资源教师专业化发展的现状与对策》，《中国特殊教育》2018年第2期。

（β=0.08，p<0.05），以及对学校的支持（β=0.48，p<0.001），均会对资源教师的工作满意度产生显著影响（ΔR^2=0.173，p<0.001）（见表15）。

表15 北京市资源教师工作满意度影响因素分析

自变量	模型Ⅰ		模型Ⅱ		模型Ⅲ	
	B	t	β	t	β	t
（常量）	(5.97)		(7.71)		(3.01)	
控制变量	是		是		是	
专兼职工作身份			-0.14	-3.54***	-0.14	-3.69***
担任资源教师时间			0.08	1.84	0.08	2.14*
特殊教育专业背景			-0.10	-2.58**	-0.03	-.71
对区的支持					-0.06	-1.07
对学校的支持					0.48	8.05***
R^2	0.015		0.060		0.232	
调整 R^2	0.006		0.046		0.219	
R^2变化	0.015		0.045		0.173	
F 值	1.58		9.74***		69.20***	

注：* 表示 p<0.05，** 表示 p<0.01，*** 表示 p<0.001。

从本报告的回归分析结果来看，影响资源教师工作满意度的因素有如下几个方面。

首先，专职身份对资源教师的工作满意度产生积极影响，这是因为，专职身份意味着学校对资源教师的工作有较高的期待和要求，工作要求较高的环境，更能促使资源教师在工作上投入更多的时间，也更能激发他们主动调用自身专业知识与技能、已有的工作经验和多方的支持等资源，以满足完成工作的需求，因而提高工作资源对教师工作满意度的正向影响。

其次，特殊教育专业背景或相关专业培训对资源教师的工作满意度具有积极的影响，这是因为资源教师本来就具有强烈的专业学习、专业发展和职业发展的需要，具有特殊教育专业背景或系统学习过与特殊教育相关的专业课程，可以满足资源教师对能力提高以及对工作效能感的基本需求，其所学的专业知识和专业技能与所从事的资源教师工作匹配度较高，可以激励资源教师追求专业和职业发展，更多地感受到工作成就感等。

最后，学校支持对资源教师的工作满意度有显著的正向影响作用，这是因为，资源教师的主要工作场所是学校，工作中主要交往的人也是学校的管理者、教师和学生及家长，受我国集体主义文化和学校教育实践特征的影响，相较于区支持，学校支持在减缓资源教师个体的工作压力，帮助他们从工作中获得愉悦感和满意感方面更为关键，学校支持直接影响资源教师开展工作的积极性和自信心，特别是学校管理者，他们更应该对资源教师的专业发展提供更多支持，如积极有效地组织资源教师与任课教师合作教学等，可以让资源教师所从事的特殊教育工作更加顺畅，进而提高其工作满意度。

四　结论和建议

（一）研究结论

本报告结合北京市融合教育推进的实际情况，通过问卷调查北京市资源教师队伍建设情况，分析当前北京市资源教师队伍整体状况、工作情况、工作满意度状况及影响因素，结果发现如下情况。

第一，北京市资源教师队伍人数近年来有显著增加，性别结构、学历结构均有所改善，资源教师队伍在年龄和教龄上也体现出一定的优势，但是，北京市56.3%的资源教师在职前阶段既非特殊教育专业，也从未学习过与特殊教育相关的专业课程，资源教师队伍的专业性仍存在明显不足，亟待进一步加强资源教师队伍的职后培训工作。

第二，目前北京市资源教师队伍仍以兼职为主，担任资源教师的年限多在3年及以下，人员稳定性较弱。绝大部分兼职资源教师的本职工作多样，用于资源教师工作的实际时间不足本职工作时间的2/3，资源教师的稳定性不足，很难保障融合教育的可持续发展。

第三，北京市资源教师的工作满意度整体处于中等偏上水平，群体间差异明显。专职资源教师的工作满意度显著高于兼职资源教师；从事资源教师的工作时间越长，外在满意度就越高；具有特殊教育专业背景或系统学习过与特殊教育相关的专业课程的资源教师，其工作满意度显著高于从未学习过与特殊教育相关的专业课程的资源教师。资源教师的专兼职工作身份、特殊教育专业背景以及学校支持均对资源教师的工作满意度具有显著的正向影响作用。

（二）对策建议

1. 完善政策，在人事序列里设置专职特殊教育资源教师岗位

稳定的资源教师队伍是保障融合教育质量的基本条件。顺应北京市融合教育不断深入推进的现实需求，在普通学校建立专职资源教师队伍，提高资源教师的稳定性，是学校融合教育工作顺利开展的保障，是确保资源教室的良好运行、为特殊学生提供有效支持的前提条件。资源教师的专职身份对于提高资源教师的角色认同感和工作积极性、保障足够的工作时间和积极的工作情绪都至关重要。教育部等七部门《第二期特殊教育提升计划（2017—2020年）》规定"为招收残疾学生的普通学校配备专兼职资源教师"，教育部《普通学校特殊教育资源教室建设指南》要求"资源教室应配备适当资源教师，以保障资源教室能正常发挥作用"。

为进一步落实国家政策要求，基于北京市当前资源教师队伍的现实情况，提出以下对策建议。

一是明确资质，制定资源教师岗位资格标准，明确资源教师的入职资格条件，提高其在学历、专业背景等方面的标准，参考美国对特殊教育教师采取的"教师资格证书+特殊教育专业资格证书"的双证书资格制度[①]，以及北京市海淀区等已有经验，建立健全普通学校专职资源教师资格认证制度。

二是增设岗位，建议在普通学校设置专门的特殊教育资源教师岗位，为招收5名及以上特殊学生的普通学校配备至少1名专职资源教师，各区中小学、幼儿园在公开招聘教师计划中，设有一定比例的资源教师名额。

---

① 顾定倩：《特殊教育教师资格制度的比较研究》，《比较教育研究》2005年第9期。

三是保障待遇，修订《北京市残疾儿童少年随班就读工作管理办法（试行）》《北京市随班就读资源教室建设与管理的基本要求（试行）》，完善资源教师管理办法，进一步明确资源教师的岗位设置、工作职责、聘任条件、津贴落实、绩效倾斜、职称评聘、奖励评优等方面的管理办法和具体要求，进一步落实在普通学校工作的资源教师同样可以享受国家规定的特殊教育津贴的制度，并在职称评聘和表彰奖励等方面采取倾斜支持等政策，以此鼓励更多教师从事资源教师工作。

四是加强督导，将确保设立专职资源教师岗位、确保资源教师在资源教室的工作时间、确保资源教师的工作质量、确保资源教师的付出获得合理回报和待遇4个"确保"措施，纳入区级和校级教育督导评价指标体系，降低资源教师的流动性，提高资源教师的岗位吸引力和稳定性，不断提升其工作积极性和专业水平。

2. 普特融通，提高资源教师的专业水平

资源教师的专业知识、服务能力直接影响学校融合教育工作质量。由于大部分资源教师是由普通学科教师转岗或兼任的，本身又未接受过与特殊教育相关的专业课程培训，其特殊教育专业知识与专业技能相对有限，导致无论从理论知识还是实践技能上，都难以完全应对或满足学校中的特殊学生的教育需要。本报告发现，特殊教育专业毕业及系统学习过与特殊教育相关的专业课程的资源教师，在工作满意度方面显著高于非特殊教育专业毕业且从未学习过与特殊教育相关的专业课程的资源教师，这也印证了特殊教育专业背景在资源教师工作中具有重要作用和明显优势，符合当前融合教育推进过程中对资源教师的专业素养期待。

为了进一步提高北京市普通学校资源教师的专业水平，提出以下对策建议。

一是创新职前培养模式，发挥政府在教师专业人才供给方面的主导力量，创新普通教师和特殊教育教师的职前培养模式，加强与高等学校合作，开展资源教师职前培养工作，市属师范院校和综合性高校师范专业应普遍开设与融合教育相关的课程，在职前阶段切实提升师范毕业生从事资源教师工

作的能力。

二是强化职后培训，健全面向资源教师的分层、分类职后培训体系，在培训内容上，可以适当拓展相关学科的基本教育教学知识面与技能授受范围，使资源教师不仅具备教好普通学生的素养，还具备能够满足特殊学生需要的素养，后者高于前者，是更加专业化、科学化、特殊化的高层次素养。[①] 在培训组织上，建议设计面向资源教师的长期培训的系统方案，建立严格的培训考核及学分认证制度。[②] 在培训形式上，加大案例培训、操作培训、实践考核的比重，并进行资源教师梯队培养，保障资源教师专业成长的可持续性。

三是加强教研引领，加强面向资源教师的校本教研和校际教研交流，在学校层面，将资源教师纳入学校学科常规教研团队，在区层面，组建跨校资源教师教研团队，依据资源教师的需求和工作要求设定教研主题，定期组织专题教研活动。

四是做好评价管理，设立市级资源教师工作指导委员会，制定资源教师工作质量标准和评价制度，落实资源教师工作专业督导和指导工作，定期开展资源教师专业评价，通过基本功大赛、名师评选等方式为资源教师专业发展搭建平台。

3.压实责任，落实普通学校资源教师支持保障制度

本报告发现，资源教师所感知到的学校对其专业发展、地位待遇、家校合作等方面的支持，显著正向影响了资源教师的内在满意度，这既进一步印证了普通学校在推进融合教育工作中的重要作用，也符合当前教师专业发展校本化的趋势。教育部《义务教育学校管理标准（试行）》明确指出，学校要"创造条件为有特殊学习需要的学生建立资源教室，配备专兼职资源教师"，这属于学校"保障学生平等权益"的任务范畴，这也是所有义务教育学校管理工作需要遵循的基本要求。因此，普通学校需要正确理解资源教

---

① 周丹、王雁：《美国融合教育教师素养构成及启示》，《比较教育研究》2017年第3期。
② 朱楠、王雁：《"复合型"特殊教育教师的培养——基于复合型的内涵分析》，《教师教育研究》第27卷第6期，2015。

师工作的重要性和复杂性，将融合教育推进工作和资源教师管理纳入学校日常管理的整体规划中，而不是将其作为个别教师在本职工作之外可以兼职承担的附加任务。

结合北京市融合教育推进的实际情况，依据《北京市特殊教育提升计划（2017—2020 年）》相关要求，提出以下建议。

一是完善学校管理制度，开展融合教育的普通中小学校，应扎实推进北京市普通中小学融合教育推行委员会制度落实，为该委员会运行中所遇到的重点问题建立解决机制，规范融合教育工作制度，切实将融合教育各项工作和学校常规管理与评价工作相结合。

二是合理安排工作量，资源教师面临的工作要求普遍较高，为特殊学生提供支持服务所承受的身心压力也较大，学校管理者有必要调整资源教师的工作时间和工作量分配，适当地减少兼职资源教师从事非资源教师的工作时长，保证兼职资源教师从事资源教师的工作时间，避免过高工作要求和繁重工作任务对资源教师工作满意度产生的损耗。

三是提供更多支持，要在学校层面建立资源教师工作支持系统和情感支持系统，特别是要为资源教师专业发展提供更多支持，促进资源教师和普通学科教师间的有效合作，落实资源教师工作合理回报和相应待遇，关注资源教师身心健康，帮助资源教师及时解决工作中遇到的困难，为资源教师的教学活动和专业支持等提供更加积极的反馈信息，激励资源教师积极发挥作用，提升工作效能和满意度。

（三）反思和展望

本报告仍存在一些不足与局限，有待进一步探究。第一，由于数据仅包含北京市的研究样本，而北京市为中国经济、社会和教育发展水平最高的地区之一，这在一定程度上限制了研究结论的外部效度，未来需要在更大范围、不同地区进一步开展调查，以验证本报告的相关结论。第二，由于专兼职工作身份、工作资源和学校支持对资源教师工作满意度的影响具有滞后性，本报告主要采用截面数据，可能会在一定程度上限制变量间因果关系的推断。第三，本报告对工作满意度的测查，采取外在满意度和内在满意度相结合的方式，但所使用的具体测评工具仅以环境支持满意度测评和主观赋分为主要方式，一定程度上限制了测评内容的全面性。为此，后续研究需要设计更为周全可靠、更为精细的测评工具，并尝试采用追踪调查所获得的数据开展研究。此外，在对资源教师队伍进行大范围问卷调查的基础上，还可以采用个案研究、深度访谈等方式，进一步关注资源教师岗位内涵与个体之间的异质性，从而能更加精准地帮助资源教师提升工作满意度。

社会科学文献出版社

皮 书

智库成果出版与传播平台

✤ 皮书定义 ✤

皮书是对中国与世界发展状况和热点问题进行年度监测，以专业的角度、专家的视野和实证研究方法，针对某一领域或区域现状与发展态势展开分析和预测，具备前沿性、原创性、实证性、连续性、时效性等特点的公开出版物，由一系列权威研究报告组成。

✤ 皮书作者 ✤

皮书系列报告作者以国内外一流研究机构、知名高校等重点智库的研究人员为主，多为相关领域一流专家学者，他们的观点代表了当下学界对中国与世界的现实和未来最高水平的解读与分析。截至2021年底，皮书研创机构逾千家，报告作者累计超过10万人。

✤ 皮书荣誉 ✤

皮书作为中国社会科学院基础理论研究与应用对策研究融合发展的代表性成果，不仅是哲学社会科学工作者服务中国特色社会主义现代化建设的重要成果，更是助力中国特色新型智库建设、构建中国特色哲学社会科学"三大体系"的重要平台。皮书系列先后被列入"十二五""十三五""十四五"时期国家重点出版物出版专项规划项目；2013~2022年，重点皮书列入中国社会科学院国家哲学社会科学创新工程项目。

皮书网

（网址：www.pishu.cn）

发布皮书研创资讯，传播皮书精彩内容
引领皮书出版潮流，打造皮书服务平台

栏目设置

◆**关于皮书**
何谓皮书、皮书分类、皮书大事记、
皮书荣誉、皮书出版第一人、皮书编辑部

◆**最新资讯**
通知公告、新闻动态、媒体聚焦、
网站专题、视频直播、下载专区

◆**皮书研创**
皮书规范、皮书选题、皮书出版、
皮书研究、研创团队

◆**皮书评奖评价**
指标体系、皮书评价、皮书评奖

◆**皮书研究院理事会**
理事会章程、理事单位、个人理事、高级
研究员、理事会秘书处、入会指南

所获荣誉

◆2008 年、2011 年、2014 年，皮书网均
在全国新闻出版业网站荣誉评选中获得
"最具商业价值网站"称号；
◆2012 年,获得"出版业网站百强"称号。

网库合一

2014年，皮书网与皮书数据库端口合
一，实现资源共享，搭建智库成果融合创
新平台。

皮书网

"皮书说"
微信公众号

皮书微博

权威报告·连续出版·独家资源

皮书数据库
ANNUAL REPORT(YEARBOOK)
DATABASE

分析解读当下中国发展变迁的高端智库平台

所获荣誉

- 2020年，入选全国新闻出版深度融合发展创新案例
- 2019年，入选国家新闻出版署数字出版精品遴选推荐计划
- 2016年，入选"十三五"国家重点电子出版物出版规划骨干工程
- 2013年，荣获"中国出版政府奖·网络出版物奖"提名奖
- 连续多年荣获中国数字出版博览会"数字出版·优秀品牌"奖

皮书数据库

"社科数托邦"
微信公众号

成为会员

　　登录网址www.pishu.com.cn访问皮书数据库网站或下载皮书数据库APP，通过手机号码验证或邮箱验证即可成为皮书数据库会员。

会员福利

- 已注册用户购书后可免费获赠100元皮书数据库充值卡。刮开充值卡涂层获取充值密码，登录并进入"会员中心"—"在线充值"—"充值卡充值"，充值成功即可购买和查看数据库内容。
- 会员福利最终解释权归社会科学文献出版社所有。

数据库服务热线：400-008-6695
数据库服务QQ：2475522410
数据库服务邮箱：database@ssap.cn
图书销售热线：010-59367070/7028
图书服务QQ：1265056568
图书服务邮箱：duzhe@ssap.cn

社会科学文献出版社 皮书系列
SOCIAL SCIENCES ACADEMIC PRESS (CHINA)

卡号：354565469364
密码：

S 基本子库
SUB DATABASE

中国社会发展数据库（下设 12 个专题子库）

紧扣人口、政治、外交、法律、教育、医疗卫生、资源环境等 12 个社会发展领域的前沿和热点，全面整合专业著作、智库报告、学术资讯、调研数据等类型资源，帮助用户追踪中国社会发展动态、研究社会发展战略与政策、了解社会热点问题、分析社会发展趋势。

中国经济发展数据库（下设 12 专题子库）

内容涵盖宏观经济、产业经济、工业经济、农业经济、财政金融、房地产经济、城市经济、商业贸易等 12 个重点经济领域，为把握经济运行态势、洞察经济发展规律、研判经济发展趋势、进行经济调控决策提供参考和依据。

中国行业发展数据库（下设 17 个专题子库）

以中国国民经济行业分类为依据，覆盖金融业、旅游业、交通运输业、能源矿产业、制造业等 100 多个行业，跟踪分析国民经济相关行业市场运行状况和政策导向，汇集行业发展前沿资讯，为投资、从业及各种经济决策提供理论支撑和实践指导。

中国区域发展数据库（下设 4 个专题子库）

对中国特定区域内的经济、社会、文化等领域现状与发展情况进行深度分析和预测，涉及省级行政区、城市群、城市、农村等不同维度，研究层级至县及县以下行政区，为学者研究地方经济社会宏观态势、经验模式、发展案例提供支撑，为地方政府决策提供参考。

中国文化传媒数据库（下设 18 个专题子库）

内容覆盖文化产业、新闻传播、电影娱乐、文学艺术、群众文化、图书情报等 18 个重点研究领域，聚焦文化传媒领域发展前沿、热点话题、行业实践，服务用户的教学科研、文化投资、企业规划等需要。

世界经济与国际关系数据库（下设 6 个专题子库）

整合世界经济、国际政治、世界文化与科技、全球性问题、国际组织与国际法、区域研究 6 大领域研究成果，对世界经济形势、国际形势进行连续性深度分析，对年度热点问题进行专题解读，为研判全球发展趋势提供事实和数据支持。

法律声明